AF620170

LES
A PROPOS
DE
SOCIETÉ
ou
Chansons de M. L....
Tom. II.
M.DCC.LXXVI.

Tome II.

J. M. Moreau, inv. J.B. Simonet, Sculp.

LA PETITE *DISEUSE* DE BONNE AVENTURE.

*Sur l'*Air ancien *De la bonne Aventure.*

TROP jeune encor pour flatter,
Je fuis l'imposture;
Je me borne à présenter
La vérité pure;
Et je vois, sans trop chercher,
Les yeux où va se nicher

La bonne aventure,
Au gai,
La bonne aventure.

L'HOROSCOPE eſt quelquefois
Peint ſur la figure;
Avec lui joli minois
Porte ſon augure;
Je ne fais que l'annoncer;
C'eſt à l'Amour à fixer,
La bonne aventure,
Au gai,
La bonne aventure.

BEAUTÉS (*a*) que de ſes bienfaits
Combla la nature,
Cherchez-vous quelque ſuccès,
Que l'Amour n'aſſure!

(*a*) Aux Dames.

Et des cœurs faits pour jouir,
Fondent-ils, ſur l'avenir,
La bonne aventure,
Au gai,
La bonne aventure?

JADIS chez nos bons Gaulois,
(Gens pleins de droiture,)
L'Amour exerçoit ſes droits,
Sans méſaventure;
Leur prêchant l'art d'oublier,
Plutôt que de publier
La bonne aventure,
Au gai,
La bonne aventure.

NOS Meſſieurs *à ſentiment*,
Par qui tout s'épure,
Bien mieux, de ce Dieu charmant
Tracent la peinture;

Car ils ont l'air d'afficher,
Qu'on ne fait plus qu'ébaucher
La bonne aventure,
Au gai,
La bonne aventure.

II.

EXTRAIT

DE LA LANTERNE MAGIQUE. (a)

DU TABLEAU DES SENS

A LA SUITE DU TOUCHER.

*Sur l'*Air - *Chanſon, Chanſon.*

CHANTER un Objet ado-ra-ble, Eſt

un ſoin aſ-ſez de-ſi-ra-ble, Pour

(*a*) Ce couplet & les ſuivans ont été extraits d'une Lanterne magique, & faiſoient partie d'une fête, donnée à Madame la Comteſſe d'Artois, en Novembre 1773, à ſon arrivée à Nemours.

le chercher ; Mais mon cœur où ce

deſir loge, Eſt forcé d'effleurer

l'é - lo - ge, Sans le toucher.

III.

MÊME TABLEAU,

SUR L'ENTREVUE

DE MADAME LA COMTESSE DE PROVENCE, ET DE MADAME LA COMTESSE D'ARTOIS.

Même Air.

Sous les traits d'une sœur bien chere,
L'Amitié, dans un cœur sincere
Vient s'épancher ;
Moment heureux ! moment d'ivresse !
Qu'on abandonne à leur tendresse,
Pour le toucher.

Pour ces deux cœurs le nôtre éprouve
Ce doux ſentiment, qui ſe trouve
Sans le chercher;
De peur d'en affoiblir l'image,
Je ne fais qu'indiquer l'hommage,
Sans le toucher.

I V.

DU MÊME TABLEAU:

SUR UN PERROQUET.

REGRETS DE LA VILLE DE NEMOURS,

De ne pouvoir que répéter après tant de Villes qui ont parlé avant Elle.

Sur l'Air - Comment faire.

QUAND on cé-lébre, de ſon mieux,

Tous les traits qui frappent nos yeux,

Dans l'aimable Objet de la fê-te,

Ce que peut in-ven-ter l'Eſ-prit,

A-vant lui le Cœur l'avoit

J'AUROIS peur pour mes Couplets, ſi
Je ne ſçavois qu'en ce jour-ci,
Tout paſſe en faveur de la fête :
Et puis je ſçais, en les riſquant,
Qu'on ne ſiffle pas l'Auteur, quand
(*On répete.*)

V.

DU TABLEAU

DU GOUT.

SUR UN SINGE QUI MORD UNE *POMME*,

pour se tirer d'un grand embarras.

*Sur l'*Air - *De Joconde.*

(*a*) L'ESPRIT, la Candeur, l'Enjou-

- ment Sont faits pour être ensem-

- ble ; Le goût joint à l'at - ta - che-

- ment, Sous nos yeux les rassem-

(*a*) A Madame, & à Madame la Comtesse d'Artois.

- ble; Ce Singe é - vi - te l'embar-

- ras D'un Berger qu'on renom - me,

Qui parmi Vous ne ſçauroit

pas A qui donner la *Pomme*.

VI.

DU TABLEAU

DE L'OUIE. (a)

*Sur l'*Air *- L'occasion fait le Larron.*

APPRIVOISER le cœur le plus sau-

va-ge, De la Beauté fut toujours

l'at-tri-but ; Dès qu'on é-coute, on

rend bientôt hom-ma-ge, *A tout bon*

en-ten-deur, Sa-lut.

(*a*) Aux Dames en général.

Charmer le cœur, faire maintes merveilles,
C'eſt de l'eſprit le plus doux attribut;
Souvent nos yeux ſont pris par nos oreilles;
A tout bon entendeur, Salut.

VII.

DU TABLEAU

DE LA VUE. (a)

Sur l'Air - Le tout par Nature.

(*a*) Ce Tableau repréſentoit une Dame à ſa toilette & devant ſon miroir.

donnent,

SÇAVOIR plaire à tous les yeux,
Sçavoir fixer tous les vœux,
C'eſt votre art ; vous n'en devez
Rien à l'impoſture :
A l'Art même vous donnez
L'air de la Nature.

VIII.

DU TABLEAU
DE L'ODORAT.

Hommage des Habitans de la Campagne, offert par un Bouquet qui parle.

Sur l'Air - Vantez vous-en.

(*a*) Pour grandes Villes.

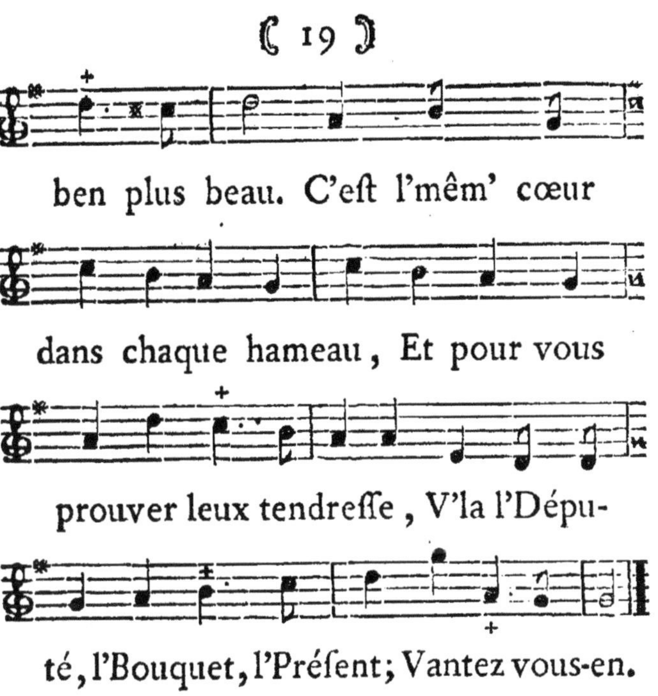
ben plus beau. C'eſt l'mêm' cœur
dans chaque hameau, Et pour vous
prouver leux tendreſſe, V'la l'Dépu-
té, l'Bouquet, l'Préſent; Vantez vous-en.

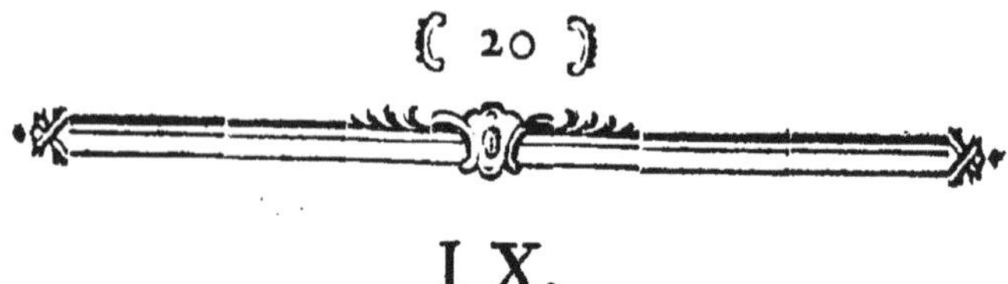

I X.

SUR LES SENS,

PRIS DANS LE SENS MORAL.

EXCUSES DU LANTERNIER.

*Sur l'*Air - *Eſt-c'que ça ſe demande.*

Cenſeur plus doux de - vi-ne-roit

Qu'on craint moins la cen-ſu - re,

Quand, pour vous a-muſer, on fait

Les *cinq Sens de na - tu - re.*

X.

DU TABLEAU

DU PÉLERIN,

QUI REVIENT DU PARNASSE.

Sur l'Air - Chacun à ſon tour.

QU'AVEC tranſport ſur ſon (*a*) paſſa-ge

Chaque Ville a ſemé des fleurs !

Sa Sœur, (*b*) à cet heureux u-ſa-ge

A - voit dé - ja for - mé nos cœurs.

(*a*) A Madame la Comteſſe d'Artois.

(*b*) A Madame.

Chaque Ville a ré-pé-té la fê-te;

Mais Nemours leur dit en ce jour,

» Chacun à ſon tour, Liron, Li-ret-te,

» Chacun à ſon tour.

SANS que le zéle s'en offenſe,
Nos jeux auront plus de gaité;
Leur charme naît de la préſence
D'un cœur qu'elle a tant regretté.
Chaque Sœur ſe donne ici la fête;
Leur cœur y jouit dans ce jour
Chacun à ſon tour,
Liron, Lirette,
Chacun à ſon tour.

Je vois leurs craintes mutuelles,
L'éloge à leurs deux cœurs déplaît;
Que pour ſa Sœur chacune d'Elles
Du moins l'applaudiſſe en ſecret!
C'eſt tout l'art que la Vérité guette,
Pour les raſſurer en ce jour,
Chacune à ſon tour
Liron, Lirette,
Chacune a ſon tour.

X I.

DU TABLEAU
DE LA BELLE LAURE
ET DE PÉTRARQUE. (*a*)

Sur l'Air - *C'eſt-là ce qui m'étonne.*

QUE le Plaiſir ſuive en tous lieux vos

pas; Que chaque jour offre u - ne

fê - te, Qu'avec tranſport le zéle ap-

prê - te, Ce-la ne me ſurprend pas

(*a*) Sur les fêtes données à la Princeſſe.

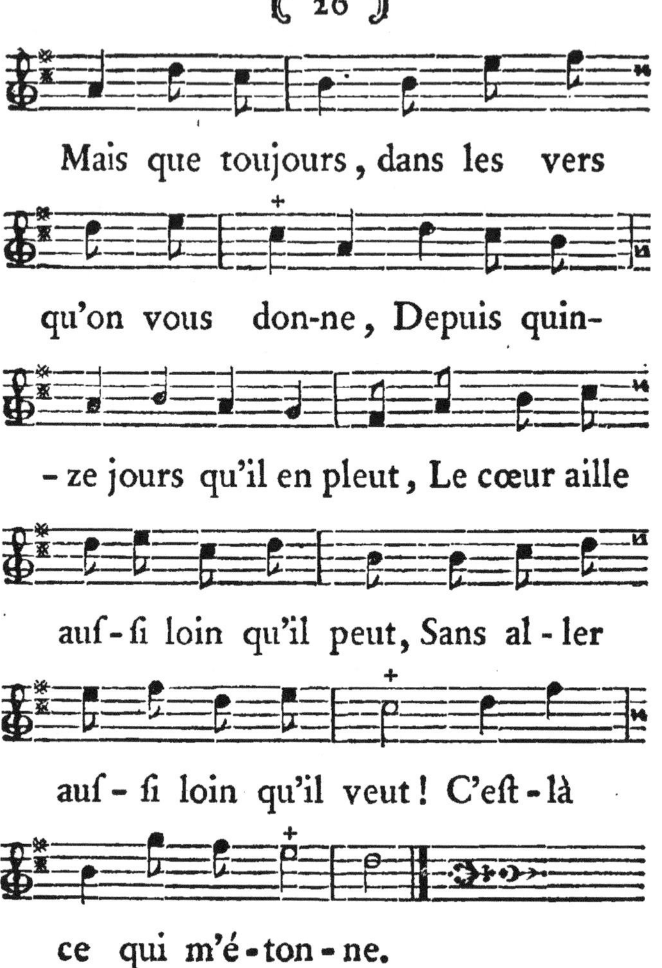
Mais que toujours, dans les vers
qu'on vous don-ne, Depuis quin-
- ze jours qu'il en pleut, Le cœur aille
auſ-ſi loin qu'il peut, Sans al-ler
auſ-ſi loin qu'il veut! C'eſt-là
ce qui m'é-ton-ne.

XII.

PÉTRARQUE,

Qui réunit ſix vérités & ſix hommages

DANS UN MÊME COUPLET.

Sur l'Air - Le cœur que tu m'avois donné.

Il peut auſſi ſe chanter

Sur l'Air - Nous jouiſſons dans nos Hameaux.

TROIS Tantes, dont le ten-dre cœur

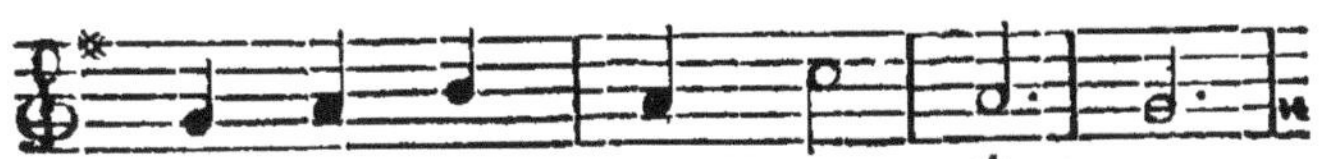

Eſt ai-mé comme il ai-me,

Pour a-jou-ter à leur bon-heur

N'at-tendent que Vous mê-me.

Il faut encor deux jours de plus,

Pour vous voir ſur leurs tra-ces;

Et pour ré-unir aux Ver-tus Le

nombre heureux des Gra-ces.

XIII.

TABLEAU
DU CAROSSE DU ROI. (a)

Sur l'Air - Morgué le v'la.

Oui, c'eſt au ſein de ſa fa-mil-le

Qu'il faut voir le plaiſir qu'il a;

Autour de lui la gaî-té brille,

Il ſe dit: » C'eſt à moi tout ça!

(a) La Chanſon de ce tableau étoit chantée par des Payſans qui étoient autour du caroſſe.

Son cœur qui de vous voir pé-til-le

Vous di-ra drès qu'il vous (*b*) verra:

» Morgué la v'la! Morgué la v'la!

DAM' c'eſt vos tant', vos ſœurs, vos freres,
Et l'Mari qui vous charmera,
Qui vous diront za leux magniéres,
Et ben mieux que je n'vous dis-là:
» Pour compléter les cœurs ſinceres
» Falloit vous voir chez bon Papa;
» Morgué vous v'la!
» Morgué vous v'la!

(*b*) A Madame la Comteſſe d'Artois.

Pour not'(c) Dauphin' c'est peu qu' d'êtr'(d) belle,
Comm' nous, ell' vous enchantera.
T'nez, (e) l'on a beau dir' du bien d'Elle,
La Vérité va pus loin qu'ça.
Si la Gaîté perd son modele,
En la voyant vôt' cœur dira :
» Morgué le v'la !
» Morgué le v'la !

(c) Pour Dauphine.

(e) Pour être.

(d) Pour tenez.

XIV.

CHANSON

*Sur l'*Air - *L'autre jour Colin malade.*

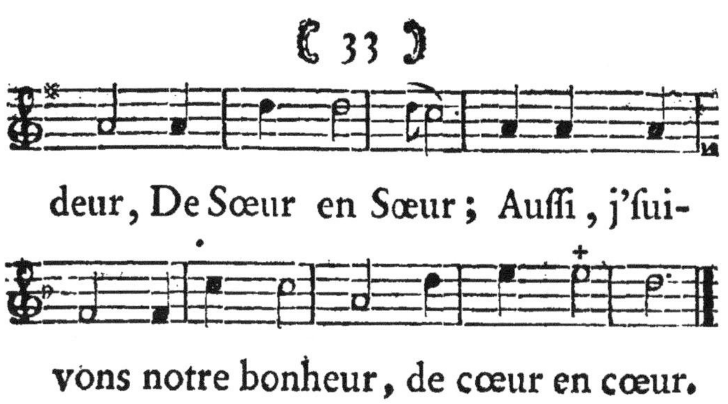
deur, De Sœur en Sœur ; Auſſi, j'ſui-
vons notre bonheur, de cœur en cœur.

XV.

DU TABLEAU

DU LANTERNIER.

ALLUSION

DU DOYEN DES ASTRES DES CIEUX,

AU DOYEN DES ROIS DU MONDE.

Sur un Air *de M. L****

SOLEIL, dont les feux bien-fai-

ſans A-niment tou-te la Na-tu-re,

Des jours tu régles la me-ſu-re, Des

Mu-ſes tu conduis les chants;

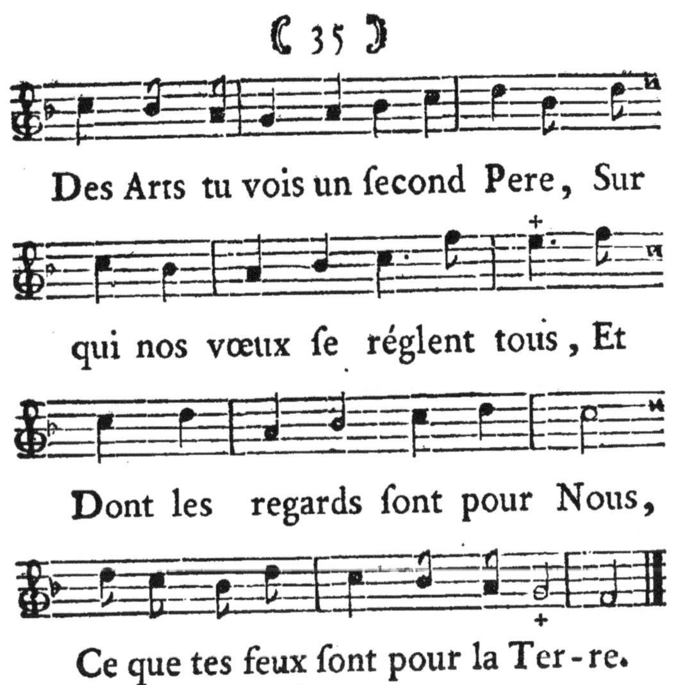
Des Arts tu vois un ſecond Pere, Sur
qui nos vœux ſe réglent tous, Et
Dont les regards ſont pour Nous,
Ce que tes feux ſont pour la Ter - re.

XVI.

DU TABLEAU

DE LA CURIOSITÉ.

DE L'ARTICLE DES PORTRAITS ÉBAUCHÉS.

Sur l'Air - C'est encor mieux.

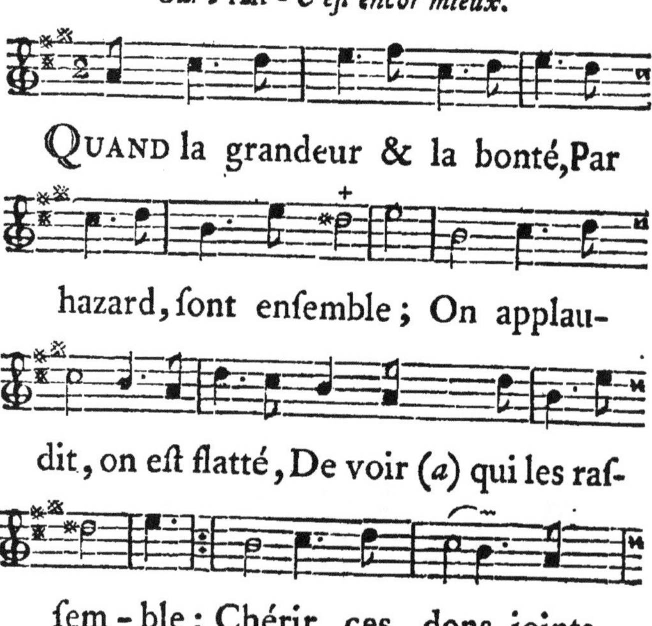

(*a*) Le Roi alors Dauphin.

(b) M. le Comte de Provence.

XVII.

SUITE DU MÊME TABLEAU.

*Sur l'*Air *- Morgué le v'la.*

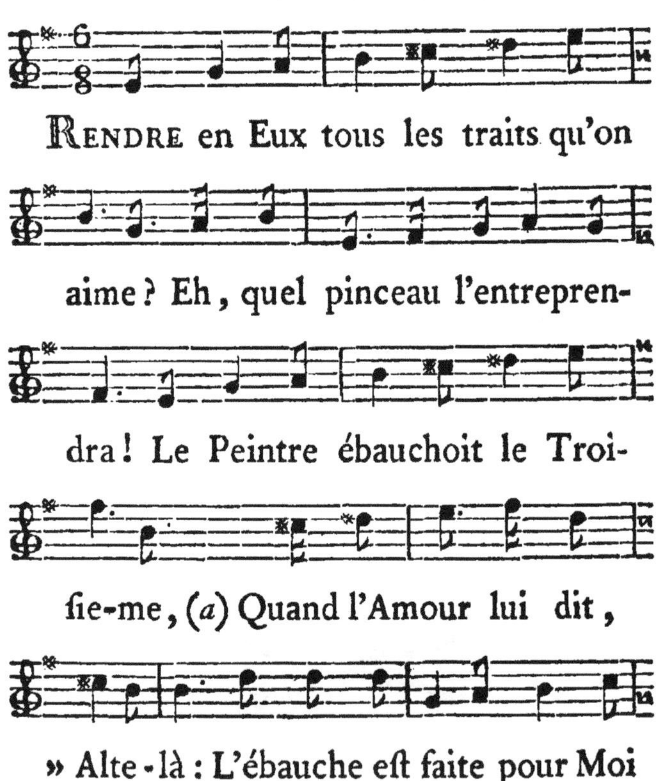

(*a*) M. le Comte d'Artois.

» même ; Mais la main qui l'embelli-ra,

» Morgué la v'la, Morgué la v'la. (*b*)

(*b*) Montrant Madame la Comtesse d'Artois.

XVIII.

SUITE DU MÊME TABLEAU. (*a*)

*Sur l'*Air - *Médor a ſçu bleſſer mon cœur.*

Il eſt une auſſi juſ-te peur, J'en

fais l'a-veu ſin-ce-re; C'eſt celle

qui trouble un Auteur, Tremblant de

vous déplaire : Mais pour vous laiſſer

(*a*) Alluſion de la peur du Peintre, à celle du Lanternier.

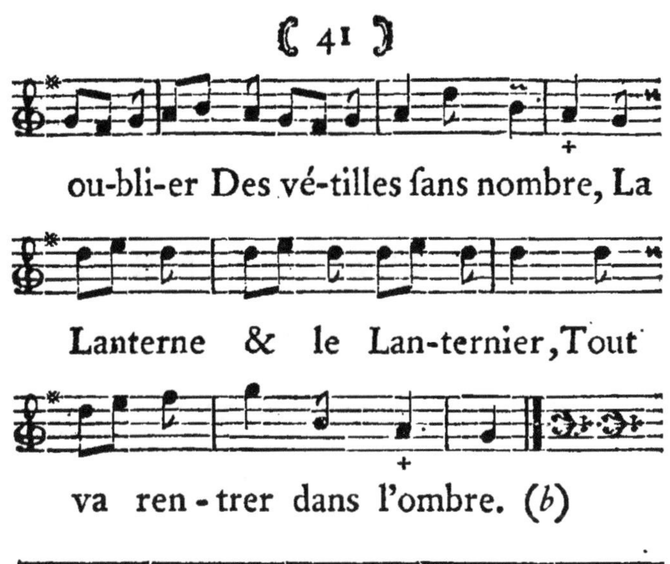

(*b*) Ce couplet terminoit ce petit ſpectacle.

XIX.

BOUQUETS

DES SAISONS.

LE PRINTEMS. (*a*)

Sur un Air *de M. L****

Le Mois de May vient de paroî-tre,

Paré des faveurs du Printems ; (*b*)

(*a*) Dans cette chanson comme dans les trois suivantes, l'Auteur n'a cherché à peindre que les différentes images qui prêtoient le plus au genre de la Chanson, & qui conservoient le plus d'analogie avec l'Objet de la fête qu'il avoit à célébrer. Aussi le Lecteur ne doit-il s'attendre à voir qu'un précis très-succinct de chaque Saison.

(*b*) Legere allusion à ce que le Printems avoit rendu

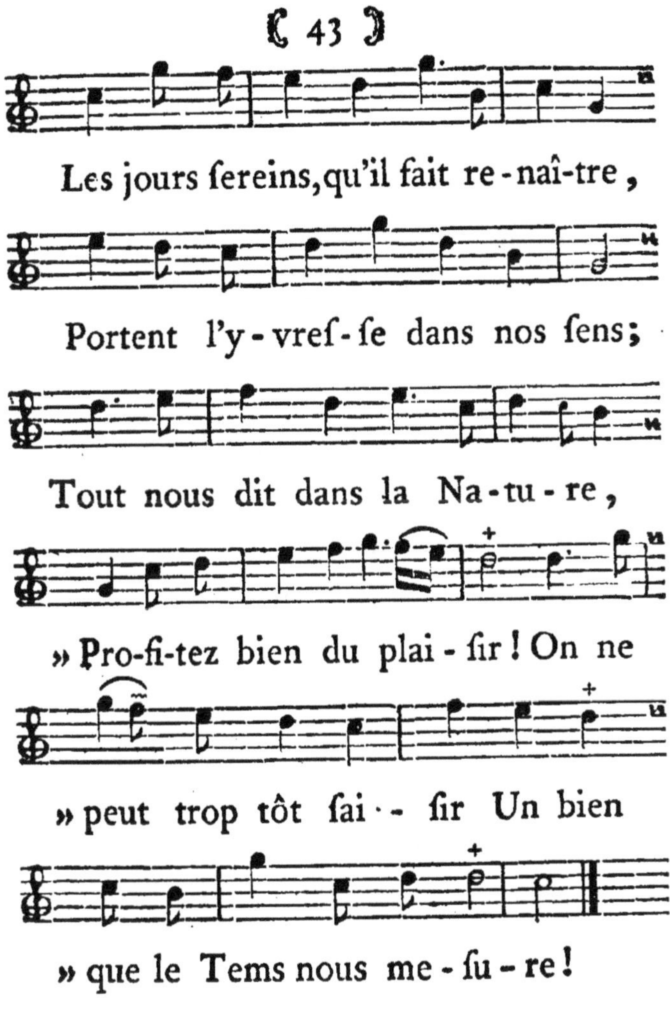

---

la ſanté à l'Objet que l'on fêtoit, & à ce qu'au premier de May jour de ſa fête, ſa gaîté annonçoit qu'il étoit en pleine convaleſcence.

FLORE, qui veut regner, rappelle (*c*)
Tout ſon petit Peuple de fleurs;
Quand l'Aurore s'éloigne d'Elle,
C'eſt toujours en verſant des pleurs.
Tout nous dit, &c.

L'ASTRE du jour ſéche les larmes (*d*)
Qui de Flore baignoient le ſein;
Lui dit, » preſſé de voir vos charmes,
» Je me ſuis levé plus matin.
» Tout nous dit, &c.

CE Dieu dit ſans ceſſe à l'Aurore: (*e*)
» Vous qui fuyez quand je vous voi,
» N'occupez pas trop long-tems Flore!
» Vous paſſez toujours avant moi!
Tout nous dit, &c.

(*c*) Les fleurs.

(*d*) La roſée.

(*e*) L'aurore.

Il eſt tout fier, quand il s'éveille, (*f*)
De voir qu'il gagne, chaque jour,
Quelques minutes, que la Veille
Donnoit de moins à ſon amour.
Tout nous dit, &c.

Au-fond du cœur Flore ſupputte, (*g*)
(Les Déeſſes comptent par fois,)
Qu'en joignant minute à minute,
Tout fera nombre au bout du mois,
Tout nous dit, &c.

On voit la feuille qui ſe panche, (*h*)
Pour couvrir deux Moineaux heureux,
Qui, bec à bec, ſondent la branche
Qui doit bientôt porter leurs œufs.
Tout nous dit, &c.

(*f*) Lever & coucher du ſoleil.

(*g*) Accroiſſement des jours.

(*h*) Nids des Oiſeaux.

X X.

L'ÉTÉ,

OU LE SOLEIL ET CÉRÈS.

Sur un Air - *de M. L****

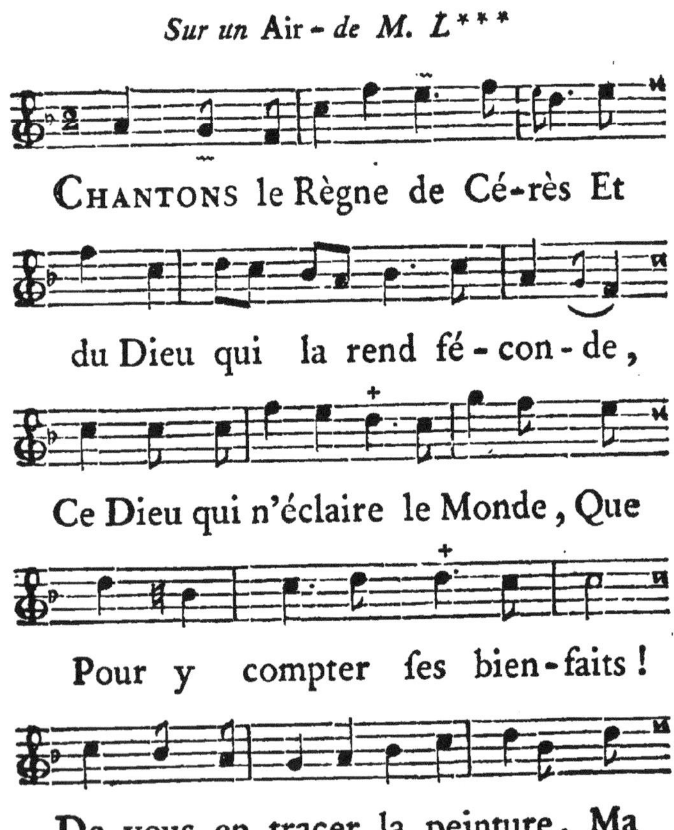

Mu-ſe n'o-ſe ſe flatter ; Mais ce jour

in-vite à chan-ter Le bienfaiteur

De la Na-tu - re.

HEUREUX mortels ! ſur nos travaux
S'il a fait briller l'eſpérance,
Le Printems fuit, (*a*) l'Eté s'avance ;
De vrais biens vont payer nos maux ; (*b*)
L'éclat du Dieu qui nous éclaire, (*c*)
S'accroît quand la moiſſon mûrit ;
On croiroit qu'il ne s'embellit
Que des biens qu'il vient de nous faire.

(*a*) Le Printems ſaiſon des fleurs.

(*b*) L'Eté celle de la moiſſon.

(*c*) Les rayons du Soleil plus brillans & plus ardens, à l'approche de la moiſſon.

Occupé de régler le jour,
Soleil ! ta bienfaisance accueille
Jusqu'à ce ver (*d*) qui, sur la feuille,
Meurt des fruits qu'il donne à l'Amour;
Son espoir, en perdant la vie,
Est qu'un des rayons de tes feux
Ira bientôt chercher ses œufs
Qu'en mourant l'Amour te confie.

Rien ne distingue ces Epis;
Voyez voler l'Oiseau fidele
Droit à la touffe qui recele
Et sa Compagne (*e*) & ses Petits;
Pour leur ménager la pâture, (*f*)
On diroit que l'Astre du jour,
Dans cet instant, céde à l'Amour,
L'honneur d'éclairer la Nature.

(*d*) Le Ver meurt en déposant ses œufs, le soleil les fait éclore.

(*e*) Dans un champ de bled jamais l'Oiseau ne se méprend au nid de sa compagne.

(*f*) La becquée que les oiseaux portent à leurs petits.

Soleil

Soleil, tes rayons bienfaiſans,
Font voir au Moiſſonneur avide
Cette Perdrix, Mere timide, (*g*)
Qui ne craint que pour ſes enfans;
Tu retiens la faulx meurtriere!
La Nature jouit en paix;
Et tu t'applaudis des bienfaits
Qu'Elle ne doit qu'à ta lumiere.

Tu rechauffes ces Tourtereaux
Que ce Couple amoureux fit naître,
Couple heureux, qui leur ſert de Maître (*h*)
En les guidant ſur ces rameaux:
Avec une ardeur mutuelle
Le Cœur donne & prend la leçon;
Et c'eſt ainſi qu'à la Raiſon
L'Inſtinct peut ſervir de modèle.

(*g*) La faulx du Moiſſonneur ne détermine pas la Perdrix à abandonner ſon nid.

(*h*) Education des Oiſeaux, qui n'ont d'autre Maître que leur Pere & Mere.

Au Mois qui mûrit la moisson,
Rome donna le nom d'Auguste ;
La France, au Prince le plus juste,
Dans ce Mois choisit un Patron :
Sur les bords qu'arrose la Seine,
Ainsi qu'au siecle des Césars,
Un même jour permet aux Arts
De fêter Auguste (*i*) & Mécène.

(*i*) Celui à qui s'adressoit cette Chanson, portoit le Nom du Roi, & accueilloit les Arts & les talens.

XXI.

L'AUTOMNE.

Sur un Air - *de M. L***.*

DEUX Auteurs (*a*) unis par le zé - le,

Pour Vous redoublent de transports,

Rien n'est si charmant que l'accord;

I - ci tout en sert de mo - dè - le:

(*a*) Depuis plusieurs années deux Auteurs travailloient d'accord pour la même fête; ce qui a déterminé à saisir dans l'Automne l'accord des Saisons entre Elles.

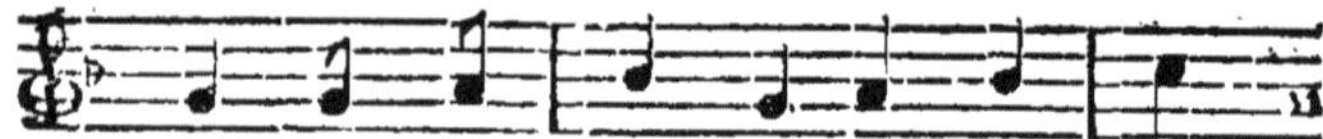

On ſçait que les Muſes ſont ſœurs;

Qu'en freres leurs enfans ſe traitent!

Les Saiſons trouvent des douceurs,

Dans les ſecours qu'Elles ſe prêtent.

LE Printems fait croître la feuille, (*b*)
Pour que l'Eté puiſſe, à nos yeux,
Mûrir, ſans brûler de ſes feux,
Les fruits que l'Automne recueille;
L'Automne, pour ſervir l'Hiver,
Chaque jour quitte ſa parure;
L'Hiver, pour le Printems qu'il ſert,
Laiſſe repoſer la Nature.

(*b*) Accord des Saiſons.

DANS le jus que l'Automne apprête
Enivrons ici la Raiſon!
Faiſons honneur à la Saiſon
Qui s'embellit de votre fête! (*c*)
Quel jour plus cher à nos deſirs,
Et plus fait pour chanter l'Automne,
Qu'un jour, ou des mains des Plaiſirs
On boit le nectar (*d*) qu'il nous donne!

L'AUTOMNE ſuſpend la balance (*e*)
Où Thémis péſe les humains;
Et rend les Plaiſirs Souverains
Des Arbîtres de l'Innocence;
L'Amour, qui veut les engager,
Sous des fleurs leur cache ſa chaîne,
Pour ſe réſerver de juger,
De leur bonheur, ou de leur peine.

(*c*) A l'Objet de la fête.

(*d*) Ces couplets furent chantés à table.

(*e*) Vacance des Tribunaux en Automne.

Ce Ruiſſeau, chéri des Dryades
Dont il répétoit les attraits,
Les voit, pour prix de ſes bienfaits,
Le ſervir auprès des Nayades;
Ces feuilles qui couvrent ſes eaux, (f)
Dérobent aux regards avides
Les Plaiſirs, les tendres aſſauts
Qu'il livre à des Nymphes timides.

Vendangeurs que l'Automne appelle!
Je vois ſes attraits dans vos yeux;
Mais le vieux Silène voit mieux
Les biens que la Vigne recèle;
» C'eſt, dit-il, tout mon réconfort,
» Vendangés bien! point de pareſſe!
» Un ſep paſſé fait toujours tort;
» Il eſt perdu pour la vieilleſſe.

(f) Chûte des feuilles.

(g) La Vendange.

VOUS qui fouliez l'herbe fleurie,
Foulez donc ce fruit prétieux! (*h*)
Songez qu'il ménage à nos vœux
Les derniers plaisirs de la vie!
Croyez, en pressant tour à tour
Ces biens qui nous donnent l'yvresse,
Que vous travaillez pour l'Amour
Qui souvent obtient quand il presse!

QU'UN Vieillard tremble, on croit sans doute
Que son âge affoiblit sa main?
Non : c'est qu'il aime tant le vin
Qu'il tremble d'en perdre une goutte;
Mais cet exemple, qui s'entend,
Peint ici plus d'un Cœur sincere
Qui tremble (*i*) de manquer l'instant
Qui peut le conduire à vous plaire.

(*h*) Le Cuvier & le Pressoir.

(*i*) A la Dame que l'on fêtoit.

XXII.

L'HIVER. (*a*)

*Sur l'*Air *- de M. L****

Au Printems dérobons des fleurs ! Quand

L'E-té vient leur é-clat cef-fe ;

A tous fes feux livrons nos cœurs ! Noy-

ons nos regrets dans l'y-vref-fe !

(*a*) Ces Couplets furent faits pour une jeune Dame très-aimable & pleine de talens, & dont la fête arrivoit l'hiver. Ils furent chantés à table, & le deffert repréfentoit les différens tableaux de la Saifon que l'Auteur a cherché à peindre.

L'HIVER les voit briller en Vous ,
Sous des formes toujours nouvelles , (*b*)
Quand les Talens vous ſuivent Tous
Pour chercher en vous des modeles ;
La Saiſon qui Vous fait briller
Nous flatte aſſez , pour oſer croire
Qu'on me pardonne d'eſſayer ,
Ici quelques vers à ſa gloire.

(*b*) L'Objet de la fête jouoit ſupérieurement l'Opéra-comique , & la Comédie , & ne la jouoit que pendant l'hiver.

Ce Ruiſſeau qui ſuſpend ſon cours,
Du ſein de ſa grotte profonde,
Voit les Plaiſirs & les Amours, (c)
D'un pied leger, braver ſon onde;
Soigneux d'en cacher le danger,
Aux yeux d'une Beauté ſevere,
Il ſçait raſſurer le Berger,
Quand le pied gliſſe à la Bergere.

Tandis qu'en plaine de criſtal,
Il voit changer ſon onde pure,
Son repos, ce ſommeil fatal
N'a rien dont le Ruiſſeau murmure;
Du tems qui ſuſpend ſes travaux
Son cœur fait un plus doux uſage,
En donnant ces jours de repos
A la Nayade qui l'engage.

(c) La glace, & des Enfans qui gliſſent ou vont en patins.

JEUNE Driade envain veut fuir
Faune dont elle craint l'audace;
Amour, qui cherche à la trahir,
Sur la neige a gardé ſa trace: (*d*)
Fondre les glaces des Hivers,
Eſt le moindre effet de ſa flamme;
Fuit-on l'Amour dans les déſerts,
Lui qui ſçait aller juſqu'à l'Ame!

CE Pâtre (*e*) que l'hiver des Ans
Fait reſpecter dans ſon ménage,
Jouit, en voyant ſes Enfans,
D'un bien qu'on ignore à leur âge;
Leurs careſſes, qui chaque jour
Egarent ſon ame ravie,
Lui font oublier que l'amour
Eſt le premier bien de la vie.

(*d*) La neige & les pas qui s'y impriment.

(*e*) L'hiver pris dans le ſens moral; ou un Pere de famille au milieu de ſes Enfans.

C'EST l'Hiver qui féche les pleurs
Que Mars coûtoit à la Nature ; (*f*)
Quand le ſang coule ſur les fleurs,
N'éclipſe-t'il pas leur parure ?
Si des Enfans, pour un Laurier,
Déchirent le ſein de leur Mere,
Elle renaît, quand le Guerrier
Ne fait ſa moiſſon qu'a Cithère.

DE l'éclat brillant des beaux jours,
Nuit (*g*) vous dédommagez le monde ;
Vous donnez la paix aux Amours ;
Sur Vous tout leur eſpoir ſe fonde :
L'heureux Berger voit, dans les Cieux
Hâter l'inſtant de ſon étoile :
Le Plaiſir même eſt plus heureux
Quand vous lui prêtez votre voile.

(*f*) Le quartier d'hiver des Officiers.

(*g*) Longues nuits comparées aux longs jours.

NUIT, dont j'ai tracé les attraits, (*h*)
Si l'image a pu vous en plaire,
Ah, daignez cacher ces portraits,
Sous votre voile tutelaire !
La Critique a les yeux ouverts ;
Par pitié fermez ſa paupiere !
Le Plaiſir qui dicta ces vers,
Craint que le Jour ne les éclaire.

(*h*) Couplet de l'Auteur.

XXIII.

L'AVEU PASTORAL,

OU

LE SONGE.

Sur l'Air - Mes trois femmes étoient veuves.

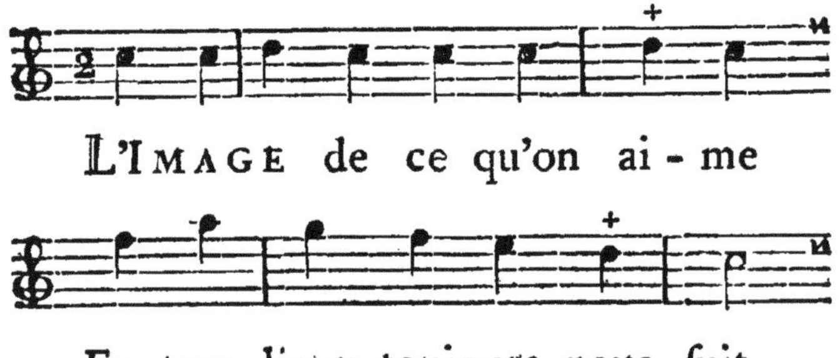

L'IMAGE de ce qu'on ai - me

En tous lieux toujours nous ſuit.

A vos pieds, cet - te nuit même,

Par l'Amour j'é - tois con - duit;

L'a-veu s'eſt fait en dormant.

VOTRE œil étoit moins farouche
Qu'il ne l'eſt en ce moment;
J'attendois de votre bouche,
Le retour le plus charmant;
Morphée en fit diſparoître
Le Plaiſir, par mon reveil;
Mais l'Amour me dît : » Le Traître
» Eſt jaloux de ton ſommeil.

Pour le prix d'un long martyre
Un ſonge a comblé mes vœux ;
Belle Eglé, faites m'en lire
La vérité dans vos yeux !
Si votre rigueur m'étonne,
L'Amour me raſſure un peu ;
Et je vous connois trop bonne
Pour faire mentir un Dieu.

XXIV.

XXIV.

CANTIQUE

SUR LA SAINTE AMITIÉ,

PAR UN SACRISTAIN DE S. ROCH,

Connu déja par un Cantique ſur la fidélité, dédié au Chien du Patron de la Paroiſſe. (a)

Sur l'Air — des Fraiſes.

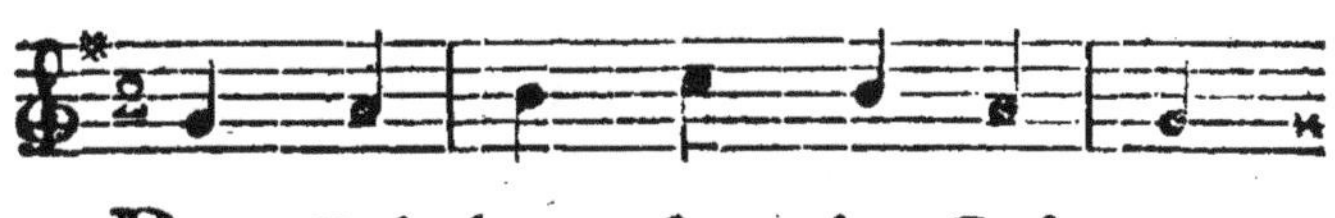

De Pol-lux & de Caſ-tor

L'a-mi-tié fût ex-trê-me;

(*a*) Cette chanſon fut faite à l'occaſion d'une petite porte que Madame la Comteſſe d'Egmont fit ouvrir pour aller de ſon jardin dans celui de Madame la Comteſſe de Meſme, a qui elle en donna la clef.

Leurs ver - tus & leur ac - cord,

Chez Vous (*b*) ſe trouvent en - cor

De même, de même, de même.

Si l'exemple eſt peu commun,
Quelle ſurpriſe extrême !
Quand deux cœurs qui n'en font qu'un,
Pour eux font penſer Chacun
De même, de même, de même !

L'AMITIÉ qui perce un mur
Eſt d'une force extrême ;
Ce fait ſembleroit obſcur ;
Mais votre cœur le rend ſûr ;
De Meſme ! de Meſme ! de Meſme !

(*b*) Aux deux Dames.

BELLE d'Egmont qui ſerez
Plus près de qui vous aime,
Quand vous vous éveillerez,
Vîte vous appellerez
» De Meſme ? de Meſme ? de Meſme ?

CHACUNE à la porte ira,
L'ardeur ſera la même :
Un jour, de Meſme attendra ;
L'autre, d'Egmont préviendra
De même, de Meſme, de Meſme.

MAIS a-t'on beſoin de clefs
Pour garder ce qu'on aime ?
Les amis que vous voyez,
Sans clefs vous les garderiez
De même, de même, de même.

XXIV.

COUPLETS

CHANTÉS A TABLE

A M. LE DUC DE LA VRILLIERE,

Sur ce que le Roi avoit érigé sa terre de Château-neuf en Duché.

*Sur l'*Air *- C'est fort bien fait.*

LA Gaî - té vous prouve en ces

lieux, Sans art & sans em-blê - me,

Qu'un titre qui vous rend heureux

Rend heureux qui vous ai - me ;

A Château-neuf j'ai dit vingt fois,
En contemplant vos peres, (*a*)
Pour Eux, les ſecrets de nos Rois
Sont comme héréditaires ;

(*a*) Dans la galerie du Château, l'on a raſſemblé tous les Portraits de Ceux de cette famille qui ont été dans le Miniſtere.

Bon exemple aide, on ſçait qu'il vous guidoit,
C'eſt fort bien fait,
C'eſt fort bien fait;
Prouver qu'on peut s'élever après Eux;
C'eſt encor mieux.
C'eſt encor mieux.

Si les Rois s'approchent des Dieux
C'eſt par la bienfaiſance;
C'eſt en liant nos cœurs, des nœuds
De la reconnoiſſance.
Roi bienfaiſant s'honore du bienfait;
C'eſt fort bien fait,
C'eſt fort bien fait;
Quand ſon bienfait ſatisfait tous nos vœux,
C'eſt encor mieux;
C'eſt encor mieux.

Encouragé par le plaiſir
Qu'ici vous faites naître,
Mon eſprit eſt prompt à ſaiſir

L'ardeur qu'il voit paroître ;
Qu'elle lui ſerve à parer maint couplet,
C'eſt fort bien fait,
C'eſt fort bien fait ;
Mais cherchez-là dans nos cœurs, dans nos yeux !
C'eſt encor mieux ;
C'eſt encor mieux.

XXVI.

BOUQUET

SANS COMPLIMENT,

POUR UNE MERE ET UNE FILLE.

*Sur l'*Air - *Sans compliment.*

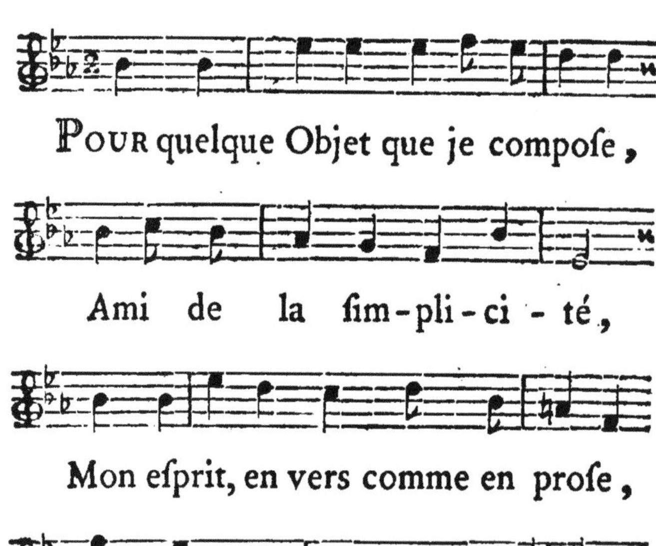

Lᴇs noms d'Hébé, de Terpſicore,
Celui de Flore ou de Vénus,
A maint Objet, qu'on fête encore,
Sont pour plaire un titre de plus;
J'ai réglé mon goût ſur le vôtre;
Vous qui priſez le ſentiment!
Quand un bon Cœur en fête un Autre,
Il ne dit rien que ce qu'il ſent,

Sans compliment;
Sans compliment.

TOUS les ans ici l'on vous fête
Moins par ufage que par goût;
Votre fête eft auffi la fête
D'un jeune Objet qui vous doit tout.
Chacun de Nous, jaloux de plaire,
A qui vous doit maint agrément,
En l'uniffant avec fa Mere
Jouit deux fois dans un moment,
Sans compliment;
Sans compliment.

XXVII.

LE JUBILÉ DE BRUXELLES.

CHANSON

FAITE POUR ÊTRE CHANTÉE

A S. A. S. MONSEIGNEUR

LE PRINCE CHARLES

DE LORRAINE. (a)

Sur l'Air - Venez vendanger avec nous.

DES douces loix que nous suivons, Ce

(a) Il est nécessaire pour l'intelligence de cette chanson, de sçavoir, que tous les *vingt-cinq ans* on célébre à Bruxelles une fête, à laquelle on a donné le nom de *Jubilé*; elle a été instituée pour rendre hommage aux Gouverneurs, de la douceur de leur gouvernement.

En demandant cette chanson à l'Auteur, on lui dit que Monseigneur le Prince Charles parloit toujours avec complaisance du nombre *douze*, en ce qu'il lui rappelloit qu'il étoit né le *douze* du *douziéme* mois de l'Année qui est la *douziéme* du Siécle, & qu'enfin il est le *douziéme* Enfant de sa Mere.

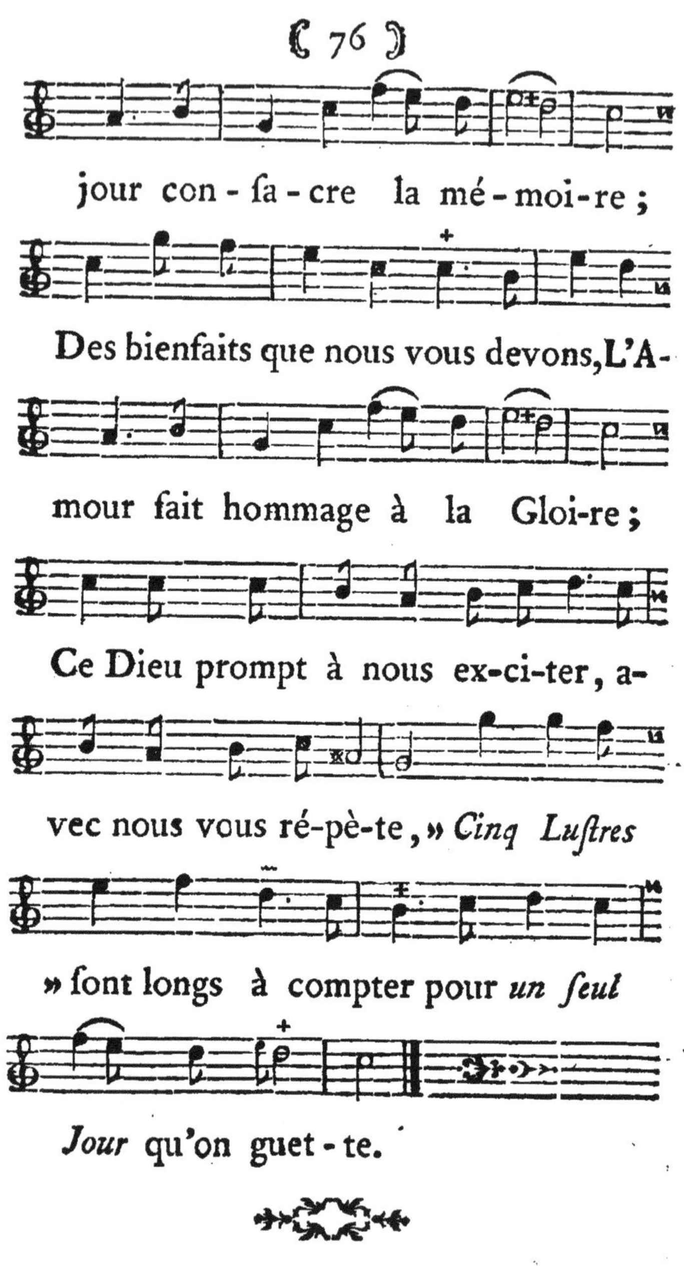
jour con - ſa - cre la mé - moi - re ;
Des bienfaits que nous vous devons, L'A-
mour fait hommage à la Gloi-re ;
Ce Dieu prompt à nous ex-ci-ter, a-
vec nous vous ré-pè-te, » *Cinq Luſtres*
» ſont longs à compter pour *un ſeul*
Jour qu'on guet - te.

POUR faire éclater les vertus
L'on fixa de longues épreuves;
Mais les délais sont superflus
A qui chaque jour fait ses preuves.
» Eh quoi! *cinq Lustres*, dit l'Amour,
» Prouvent la bienfaisance,
» Et l'on ne permettra *qu'un jour*
» A la Reconnoissance!

DOUZE est un nombre que chérit
Ce Prince adoré qui nous aime;
Au Siécle heureux qui le bénit,
Des Ans il marqua le *douziéme*; (b)
Le *douze* du *douziéme* mois,
Réglant sa destinée
La Gloire dît: » Pour cette fois,
» J'ai couronné l'Année.

(b) Voyez sur l'époque de sa naissance la note (a)

Dans les archives de l'Amour, (c)
Douze eſt un nombre qu'on révére ;
Vous fîtes, en voyant le jour,
Chérir ce nombre à votre Mere ;
Jugeant qu'on vous adoreroit,
Elle diſoit ſans peine :
» Bons comme Lui ! l'on en voudroit
» Voir treize à la douzaine.

Douze heures complettent le jour,
Douze mois complettent l'année ;
C'eſt par vos veilles que l'Amour
Pour nous la rend ſi fortunée :
Comme l'Aſtre qui fait ſon tour
Sur la machine ronde,
Veille, les *douze heures* du jour, (d)
Sur le bonheur du monde.

(c) Par alluſion aux douze principaux Dieux de l'Olimpe.

(d) Alluſion à ſon gouvernement.

Douze est un nombre cher aux Dieux;
(A l'univers tout doit le dire :)
Douze signes, (*e*) du haut des Cieux,
Des Saisons partagent l'Empire;
Douze Césars, de leurs succès
Ont transmis la mémoire;
Vous en rappellez les bienfaits,
La naissance (*f*) & la gloire.

Le nombre de *douze* est fameux,
Hercule en laissa *douze* exemples; (*g*)
C'est à *douze travaux heureux;*
Qu'il dut & sa gloire & ses temples;
Il ne songea dans ses succès
Qu'à désarmer la Haîne.
Nos cœurs vous ont mis pour jamais
A l'abri de sa peine.

(*e*) Les douze Signes du Zodiaque.

(*f*) Il est Frere & Oncle d'Empereur.

(*g*) Les douze travaux d'Hercule.

Un Couple (*h*) objet de tous nos vœux,
Des ans compta *douze* fois *douze* ;
Vivez, pour faire des heureux
Autant que l'Epoux & l'Epouse !
Qu'en vous les Dieux, comme en Nestor,
Couronnant la sagesse,
Ramenent *douze fois encor* (*i*)
Ce vrai jour d'allégresse !

Si l'on en croit l'Antiquité,
Jadis *douze* (*k*) *femmes célébres*,
Du fond d'un antre respecté,
Du sort pénétroient les ténébres ;
Si leur recueil (*l*) sous vos Ayeux

(*h*) Un mari & une femme qui ont vêcu, l'un cent quarante-quatre ans, l'autre quelques années de plus. Leur portrait est à Bruxelles dans le cabinet du Prince.

(*i*) Cette fête ne se célébre que tous les 25 ans.

(*k*) Les douze Sibilles.

(*l*) Les Oracles Sibillins brûlés dans l'incendie du Capitole.

N'eût

N'eût péri dans la flamme,
Mon préſage eût frappé nos yeux,
Et conſolé notre ame.

A douze fois on s'y prendroit,
Pour exprimer tout ce qu'on penſe;
Ma Muſe ſe tait à regret,
Et n'en a pas moins d'aſſurance;
Le Zéle a-t'il jamais tremblé
Devant la Bienfaiſance?
Et l'on ſçait que le Jubilé
Eſt un tems d'indulgence.

XXVII.

LES DEUX SŒURS.

DUO. (a)

(a) Ce Duo a été inféré dans une petite Comédie de Société de M. le V. de *****

ai - me ? Dis moi pourquoi ? l'a-mour eſt
ai - me ? Dis moi pourquoi ? l'a-mour eſt
le bien ſu - prê - me ; Ma Sœur , tu
le bien ſu - prê - me ; Ma Sœur tu
pen-ſes de même, Dans tes yeux je le voi ;
pen-ſes de même , Dans tes yeux je le voi ;
la Richeſſe, en tout tems ,
La Richeſſe , en tout

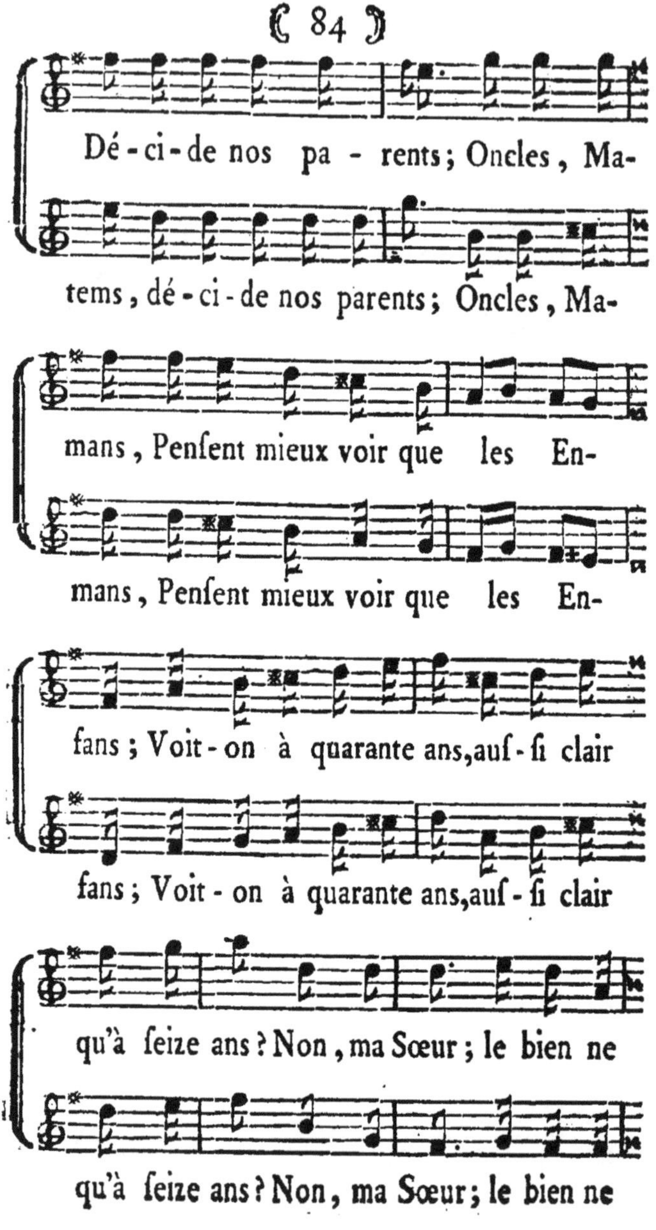
Dé - ci - de nos pa - rents; Oncles, Ma-
tems, dé - ci - de nos parents; Oncles, Ma-
mans, Penſent mieux voir que les En-
mans, Penſent mieux voir que les Enfans; Voit - on à quarante ans, auſ - ſi clair
fans; Voit - on à quarante ans, auſ - ſi clair
qu'à ſeize ans? Non, ma Sœur; le bien ne
qu'à ſeize ans? Non, ma Sœur; le bien ne

3
me touche en rien. Con-ſul-tons no-tre
3
me touche en rien.
cœnr ! - - - - - - - Eſt - il jamais trom-
Con-ſul-tons notre cœur ! - - -
peur ? - - - Non, ma Sœur, non ma
Eſt-il jamais trompeur? Non, ma Sœur; non, ma
Sœur ; Eſt - il un bonheur Sans l'aveu du
Sœur ; Eſt - il un bonheur Sans l'aveu du

cœur? Non, ma ſœur; non, ma ſœur: Sans lui tout eſt
cœur? Non, ma ſœur; non, ma ſœur :
gê-ne; tout eſt pei-ne; Vas, vas, le
Vas, vas, le
Goût aſ-ſor-tit tout. Si l'or changeoit les
Goût aſ-ſor-tit tout. Si l'or
traits, S'il donnoit plus d'attraits, Je me con-
donnoit aux traits plus

ſul - te - rois , Je me dé - ci - de - rois , Je
d'at - traits , Je di - rois
dirois» Voyons; mais, il n'en eſt rien. Ah, ma p'tit'
» Voy - ons ; mais, il n'en eſt rien. Ah, ma p'tit'
ſœur, qu'elle douceur! Oui, ton cœur, eſt bien l'i-
ſœur, qu'elle douceur! Oui, ton cœur, eſt bien l'i-
ma - ge du mien. Si l'or
ma - ge du mien. Si l'or changeoit les

don - noit aux traits, plus
traits, S'il donnoit plus d'attraits, Je me con-
d'at - traits, Je di - rois, » Voy-
sul - te - rois, Je me dé - ci - de-rois, Je dirois
- ons; mais il n'en est rien. Ah, ma p'tit'
» Voyons; mais il n'en est rien. Ah, ma p'tit'
sœur, qu'elle douceur! Oui, ton cœur est bien l'i-
sœur, qu'elle douceur! Oui ton cœur est bien l'i-

ma - ge du mien.
ma - ge du mien.

XXVIII.

TABLEAU,

DU TEMPLE DE L'HYMEN,

Montré par des Marmots & Marmottes, à deux jeunes Mariés. (a)

Sur l'Air - *Ah, ah, ah, v'là tous nos bouquets.*

Ah, ah, ah! dit l'Hymen joyeux,

En les en-la-çant dans ses nœuds

» Ils sont moins pressants que les yeux De la

(a) Ces couplets insérés dans une Lanterne magique, furent faits pour le Mariage de M. le Marquis de M***

» Mari-é-e ; Je m'en rapporte à l'Epou-

» ſeux, Dit l'Hymen joyeux.

AH, ah, ah ! ce dit l'Epouſeux ;
» Plaiſirs qui logez dans mes yeux,
» Partagez-vous ! paſſez dans ceux
» De la Mariée !
Partagez-vous entre nous Deux,
Ce dit l'Epouſeux !

AH, ah, ah ! ce dit l'Amiquié ;
» Pour le jour ſoyons de moiquié ! (*b*)
» La nuit gardez-les en enquié
» Pour la Mariée !
» Vot' moiquié vaut ben not' moiquié ;
Ce dit l'Amiquié.

(*b*) S'adreſſant au Marié.

Ah, ah., ah ! disont à la fois
Trois ben bons Oncles que je vois ;
» Frere, Chacun n'a qu'une voix
» Pour la Mariée,
» Qui d'un seul mot nous rend tous trois
» Heureux à la fois !

Ah, ah, ah ! ce dit à l'instant
Maman, à son Gendre content ;
» Remplacez l'cœur de la Maman
» Pour la Mariée !
» Et ménagez ben note enfant
» Ce dit la Maman !

Ah, ah, ah ! dit ce Monseigneur (c)
Cheux qui s'échauffe leur ardeur ;
» Mon Châtiau loge le bonheur
» Et la Mariée ;
» Il en plaira mieux à mon cœur
Dit ce Monseigneur.

(c) Montrant le Seigneur du Château où se faisoit la Noce.

AH, ah, ah! dit le Lanternier;
» Que ne ſçai-je mieux mon méquier!
» L'eſprît ſe plaît à s'eſſayer
» Pour la Mariée;
» Heureux s'il a pu l'égayer,
Dit le Lanternier.

XXIX.

CHANSON CHANTÉE A TABLE *CHEZ MONSEIGNEUR* LE DUC D'ORLEANS, *A MONSEIGNEUR* LE PRINCE DE CONDÉ,

Quelques jours après le retour de ſes Campagnes, & le lendemain de la Signature des Préliminaires de la Paix.

Sur l'Air - *Et j'eſtime mieux le tien qu'une Couronne.*

A Monſeigneur peut-on di - re,

Ce qu'ici, ſans compliment, Chacun

Je ne crois pas qu'on l'étonne
En lui diſant tous nos vœux ;
Quand le ſuccès les couronne
Il doit voir, comme en nos yeux
La Gaité brille ;
Et ſur tout lire dans ceux
De ſa famille. (*a*)

Quand au Temple de Mémoire
L'on grava ces coups d'eſſais ;

(*a*) Montrant Monſeigneur le Duc d'Orléans.

L'on m'a dit que la Victoire
Mit au bas, & même *en très*
Gros caractères
» Bons François, *jugez sur les*
» *Préliminaires.*

LE Héros de sa famille,
Dont chacun sçait le renom,
Dit, en lisant l'Apostille,
» Encore un de la maison!
» Que j'aime à croire
» Que l'héritier de mon Nom,
» L'est de ma Gloire!

DANS ses (*b*) yeux je crains de lire,
Qu'un rien, offert sans fadeur,
Lui coute à s'entendre dire;
Mais s'il gêne Monseigneur,
J'ai l'avantage,
Qu'il gêne bien plus le Cœur
Qui le ménage.

(*b*) Fixant Monseigneur le Prince de Condé.

NE

NE lui parlons plus de guerre !
Buvons tous , & coups ſur coups ,
A cette ſanté ſi chere !
Et s'il cherche parmi Nous
Des cœurs ſinceres ,
Ma foi , nous lui dirons Tous :
» Comptez nos verres.

XXX.

ÉPITHALAME. (a)

Sur l'Air - Comm' v'la qu'est fait.

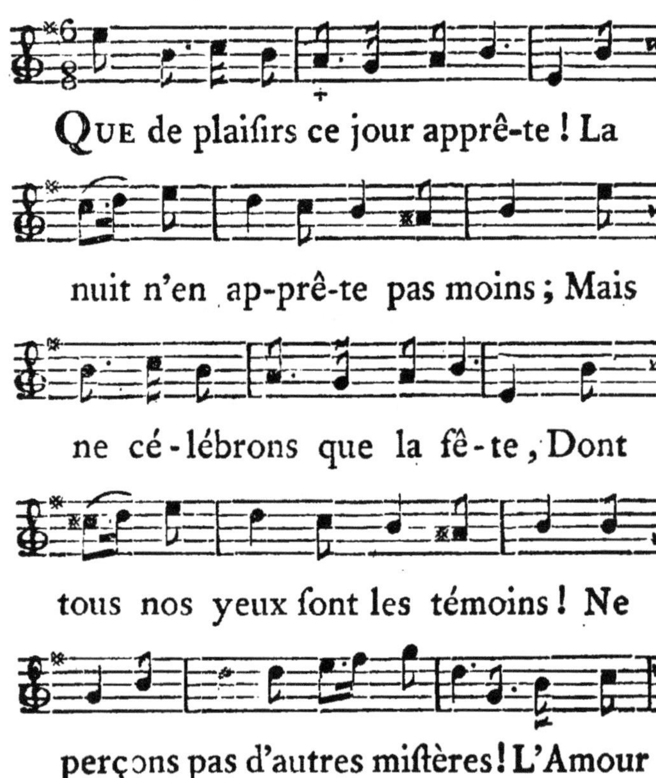

(a) Cette chanson fut faite à l'occasion d'un Mariage, où les Epoux devoient beaucoup à l'Amitié.

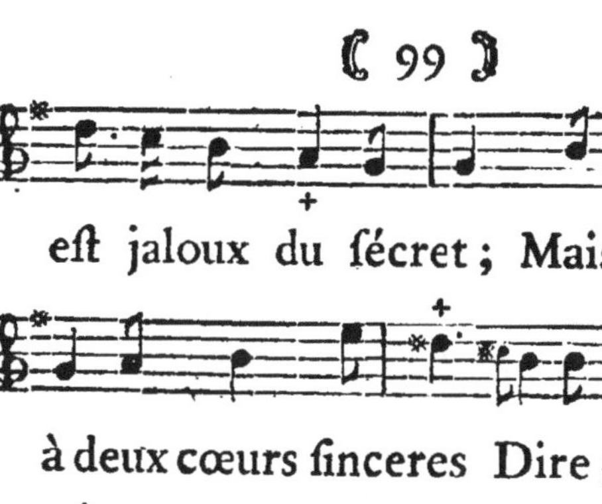

ſûr de ſon fait,) » Oh! qu'c'eſt bien

fait! » Oh! qu'c'eſt bien fait!

On dit que l'Amour n'y voit goute,
Qu'en aveugle il bleſſe les cœurs;
Que s'il rend heureux il en coûte;...
Qu'il ne ſe plaît que dans les pleurs:
Hélas! quelle erreur eſt la nôtre!
Ce Dieu voit clair à ce qu'il fait;
Car il fit vos cœurs l'un pour l'autre;
Demain vous direz tout à fait:
» Oh qu'c'eſt bien fait!
» Oh qu'c'eſt bien fait!

CET Ami qui vous ſert de Pere,
(Tendres Amans ! Epoux heureux!)
Diſpute, à l'Enfant de Cithere,
Le plaiſir de combler vos vœux;
Votre bonheur eſt ſon ouvrage;
Voyez qu'il en eſt ſatisfait!
Mais vous avez cet avantage,
Qu'on dit en voyant ſon bienfait:
» Oh, qu'c'eſt bien fait!
» Oh, qu'c'eſt bien fait!

XXXI.

CHANSON

POUR LA SAINT HUBERT. (a)

Sur l'Air - Du Vaudeville du Maréchal.

I-CI les Plai-sirs les plus doux

Se sont tous donné ren-dez-vous ;

Saint Hubert, ce Saint a-do-ra-ble,

Pour Nous les rassemble en ce jour ;

(a) Cette chanson fut chantée à table par une Dame, au retour d'une Chasse de S. Hubert.

Le jour de ce bon Saint Hubert
On n'a jamais manqué ſon Cerf;
Le bon Saint ſe plaît à conduire
Et Commandant & grand Veneur;
Il inſpire à chaque Chaſſeur
Cette ardeur qui les porte à dire:
» Tôt, tôt, tôt, &c.

IL eſt bien un autre Chaſſeur
Dont la fête a quelque douceur;
C'eſt l'Enfant aveugle, & qui tire
Mieux que tout Chaſſeur de renom;
Tous les deux nous ſçavons ſon nom,
Plus d'une fois il nous fit dire:
» Tôt, tôt, tôt,
» Battez chaud!
» Tôt, tôt, tôt,
» Bon courage!
» Il faut avoir cœur à l'ouvrage.

SANS Limier, ce jeune Chaſſeur,
Détourne ſeul un jeune cœur;
Il ſçait au mieux chaque refuite
Dont pour le fuir on peut uſer;
Tel croit échapper & ruſer,
Qui l'entend ſonner à ſa ſuite.
» Tôt, tôt, tôt,
» Battons chaud!
» Tôt, tôt, tôt,
» Bon courage!
» Il faut avoir cœur à l'ouvrage.

CHASSEUR qui ne s'y prend pas mal,
Ne ſuit jamais qu'un Animal;
L'Enfant qui jamais ne s'égare
Suit toujours deux Cœurs à la fois;
Et quand il les met aux abois
Il ſonne pour toute fanfare:
» Tôt, tôt, tôt,
» Battez chaud!
» Tôt, tôt, tôt,
» Bon courage!
» Il faut avoir cœur à l'ouvrage.

SANS jamais avoir fait de vers
On peut bien ſe donner les airs
De chanter ceux que nous inſpire
Ce petit Dieu ſi redouté;
Quand pour porter votre ſanté
Il eſt le premier à nous dire:
» Tôt, tôt, tôt,
» Battez chaud!
» Tôt, tôt, tôt,
» Bon courage!
» Il faut avoir cœur à l'ouvrage

A la Santé de Monſeigneur,
Je la porte à tout bon Veneur,
Qui va la porter à la ronde;
Pour que le plaiſir ſoit entier,
Que la Chaſſe du Sanglier (*b*)
A celle d'aujourd'hui réponde!
» Tôt, tôt, tôt,
» Battons chaud!
» Tôt, tôt, tôt,
» Bon courage!
» Il faut avoir cœur à l'ouvrage.

(*b*) On devoit le lendemain chaſſer le Sanglier.

XXXII.

EXPLICATION

DE DEUX REVENANS;

A UNE TRÈS-GRANDE DAME,

Qui faisoit semblant d'avoir peur des Esprits.

*Sur l'*Air – *Médor a sçu blesser mon cœur.*

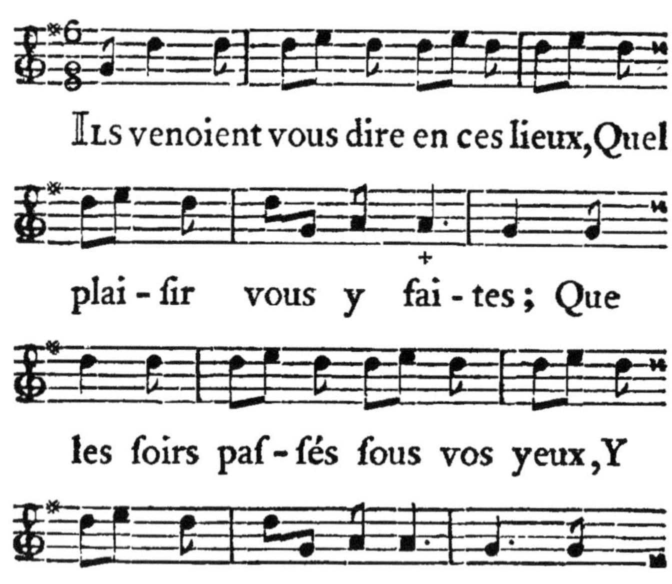

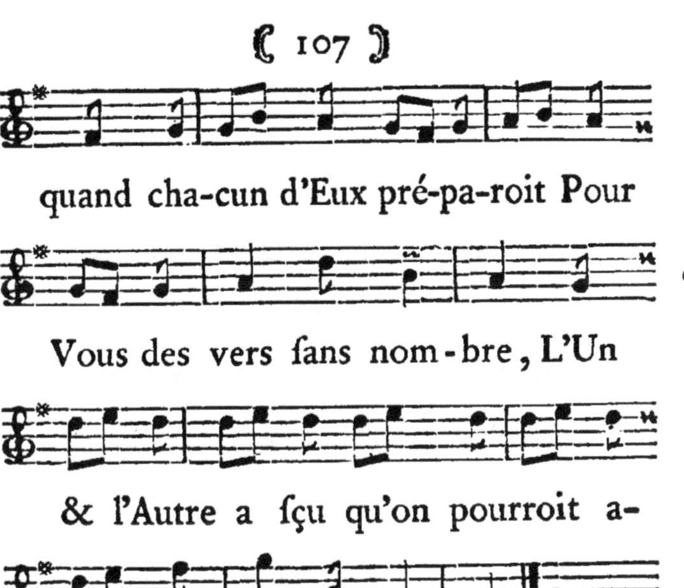

CEUX de qui je tiens ce propos,
Qui vient de l'autre monde,
Prouvent que ſur votre repos
Tout leur bonheur ſe fonde ;
Oui, ſi ce n'étoit une erreur,
Ils auroient l'air plus ſombre.
Pourriez-vous au ſein du bonheur
Vous occuper de l'ombre ?

XXXIII.

TABLEAU DES QUADRILLES,

OU

BALLETS DANSÉS

AUX BALS DE LA REINE. (*a*)

TABLEAU DES POLONOIS.

*Sur l'*Air - *Ma Tante Françoiſe.*

CHEZ nous croît l'hermine, Bien blan-

- che & bien fine ; Les Petits comme les

Grands, Pré-fé - rent aux meilleurs

(*a*) Ces couplets & les ſuivans ſaiſoient partie d'une Lanterne magique, donnée à Verſailles en 1775.

TOUT ſe ſert d'hermine
Bien blanche & bien fine;
Les manteaux que la Grandeur
Porte aux vrais jours de ſplendeur,
Sont doublés d'hermine
Bien blanche & bien fine.

TOUT ſe ſert d'hermine
Bien blanche & bien fine;
On compare à ſa blancheur
La Beauté dans ſa fraîcheur,
Quand la peau d'hermine
Eſt blanche & bien fine.

TOUT ſe ſert d'hermine
Bien blanche & bien fine ;
Tous nos gros Bénéficiers,
Pour réchauffer leurs Pſeautiers,
Sont fourrés d'hermine
Bien blanche & bien fine,

TOUT ſe ſert d'hermine
Bien blanche & bien fine ;
Quand on reçoit un Docteur,
Un Médecin, un Recteur,
Sa chauſſe eſt d'hermine
Bien blanche & bien fine.

XXXIV.

TABLEAU DES GOLCONDOIS,

Sur l'Air - Ah, ah, ah, venez-y toutes.

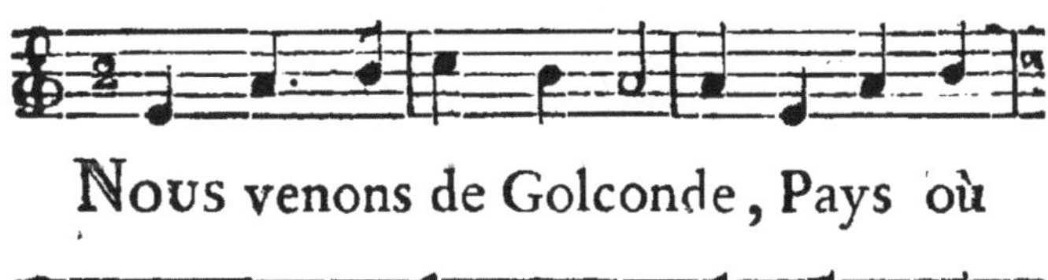

Nous venons de Golconde, Pays où

croît l'Diamant, Ç'qu'eſt ben charmant!

Où l'argent, Qu'aime tout l'monde, Croît

comme un champignon, Mieux que l'oi-

- gnon ; Ah, ah, ah! Voyez la danſe, Et

Nous donnerons un Merle,
Et même un Merle blanc,
Payé comptant,
Au Pays qui peut en perle
Nous offrir plus brillant
Plus attrayant.
Ah, ah, ah!
Voyez la danse,
Et la justesse & la cadence
De ce pays-là!

XXXV.

XXXV.

TABLEAU

DES STRASBOURGEOIS.

*Sur l'*Air - *Qu'en voulez-vous dire.*

DANS nos plaines croît le ta - bac

Qui ré-veille un Mélan-co - li-que,

Et le Safran, que l'ef - to - mach

Im - plo - re contre la co-li-que;

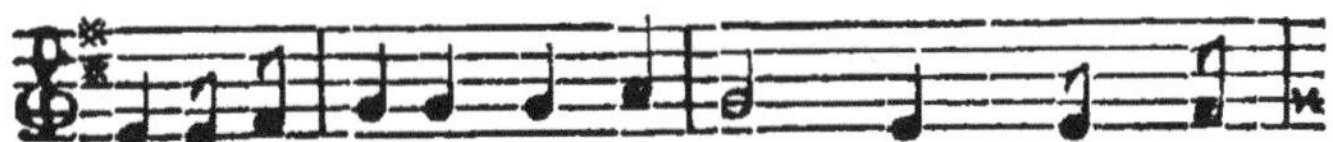

Ajoutez à ce-la, bon vin, Sau - moneaux

- vec ce-la, Trouvé la, Trouvé la,

Trouvé l'*Allemande* (a); Et je vous de-

- mande Quel pays peut ê-tre ci-té

Pour nous le dis-pu-ter en gaîté?

VOYEZ, sous chaque chapeau noir
Cheveux noués à longue tresse,
Et ce juste qui laisse voir
La taille en toute sa finesse;

(a) La danse que l'on appelle *Allemande*, s'est d'abord appellée *Strasbourgeoise*.

Habits galans que le Plaiſir
Exprès, pour nous, a ſçu choiſir;
Quand on nous voit, avec cela,
Danſer la, danſer la,
Danſer l'Allemande,
Oh ! je vous demande
Quel pays peut être cité
Pour nous le diſputer en gaîté?

XXXVI.

TABLEAU
DES SCANDINAVÈS.

*Sur l'*Air*– C'est ce qui nous enrhume.*

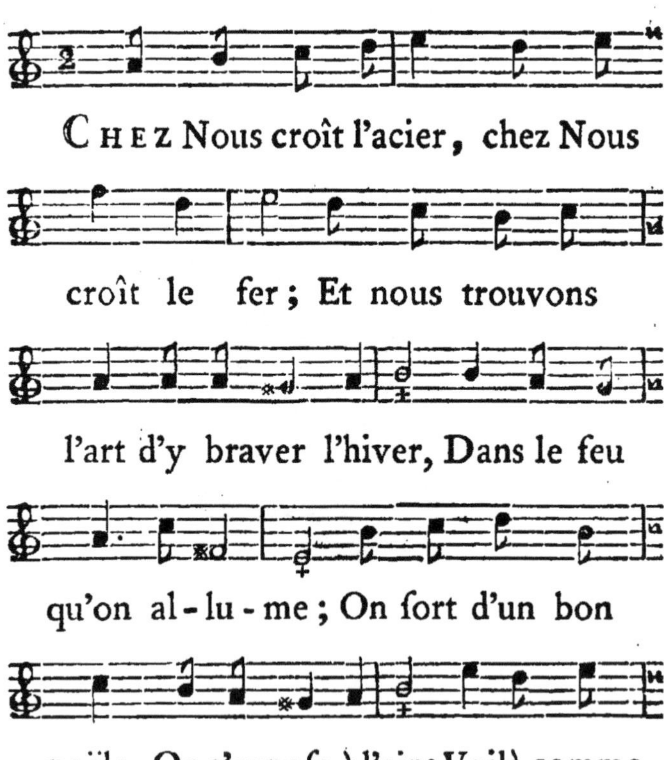

Ici vous danſez, nous danſons auſſi;
Devant deux beaux yeux nul cœur n'eſt tranſi,
Chez nous c'eſt la coutume;
Vous croyez nos cœurs, bien plus froids qu'ici;
C'eſt ce qui vous enrhume.

S'il gêle, lundi, mardi, mercredi,
Jeudi, vendredi, comme ſamedi,
Sans excepter Dimanche;
Du froid dont le corps paroît engourdi,
Le cœur prend la revanche.

XXXVII.

TABLEAU,

DES PETITS VIEILLARDS,

REPRÉSENTÉS PAR DE TRÈS JEUNES GENS.

*Sur l'*Air *- Vive Henri IV.*

A la jeuneſſe Quand nous tenons de

près, De la vieilleſſe Nous en-vi-

- ons les traits; En ba-di-na-ge tout

ſe peint à nos yeux; l'eſprit, à notre

â - ge, De tout ſe fait des jeux.

LE Régent gronde ;
Et la Bonne, en ſecret
L'imite, & fronde
Danſe qui nous diſtrait ;
Mais, à notre âge ;
Fuit-on plaiſir certain ?
Nous laiſſons le Sage
Songer au lendemain.

XXXVIII.

TABLEAU

DES HABILLEMENS

DU TEMS D'HENRI IV.

*Sur l'*Air - *Quand elle coût elle est contente.*

VOYEZ comme une heureuse i-dé-e

Nous séduit, nous sert de fa-nal!

Au tems des plaisirs elle est né-e,

De la gaî-té c'est le si-gnal:

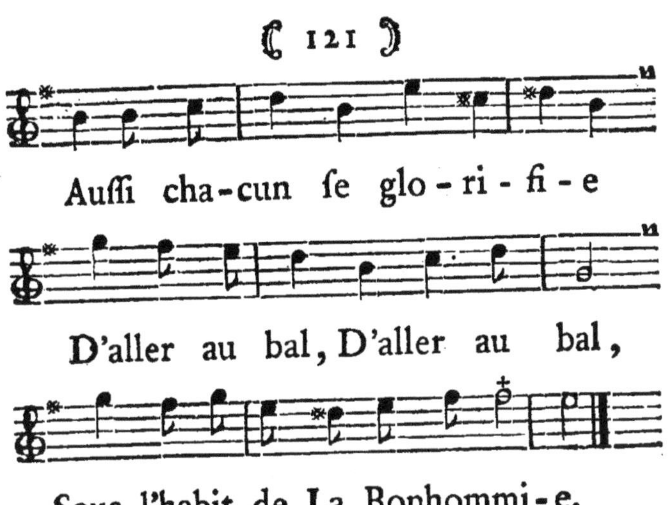
Aussi cha-cun se glo-ri-fi-e
D'aller au bal, D'aller au bal,
Sous l'habit de La Bonhommi-e.

XXXIX.

ADIEUX D'UNE MERE A SON FILS. (a)

Sur l'Air : La moitié du chemin.

Si je pouvois être aussi du voy-a-ge,

A tous mes vœux il ne manqueroit rien ;

Je vous envie un si rare a-van-ta-ge,

vous lui direz... L'on vous en croira

(a) Ce couplet étoit adressé par une Mere à son fils, dans le moment où il partoit pour aller voir sa Sœur.

bien. Du plus loin qu'Elle me ver-
-roit, dans mes bras El - le vo - le
-roit, S'at-ten-dri-roit, M'at-ten-dri-
-roit, M'embrasseroit, Me choye-
-roit; Comme sa Ma-man lui ren-
-droit Caresses qu'Elle en recevroit! Mon
cœur s'en peint l'image; Comme autre-

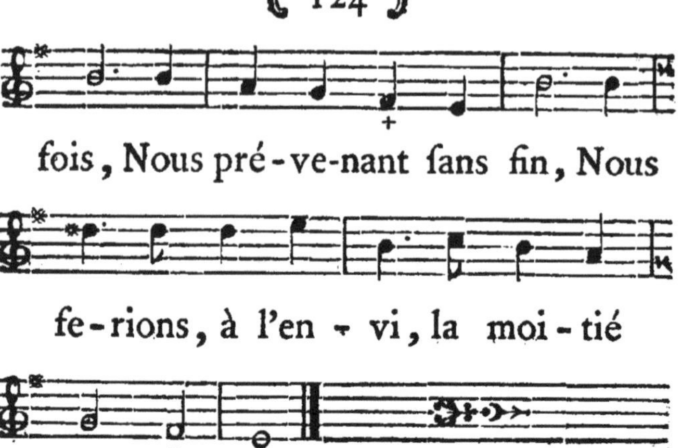
fois, Nous pré-ve-nant ſans fin, Nous
fe-rions, à l'en - vi, la moi-tié
du che-min.

XL.

COUPLETS

Sur un Air - de M. ***

Ces Couplets peuvent ſe chanter auſſi

*Sur l'*Air *- de Joconde.*

DANS Nuremberg, Namur, Wursbourg, Se

diſpu-tant de zé - le, Les Plaiſirs

prenoient, chaque jour, Une forme nou-

vel-le ; Un jour, dans la fou - le per-

Ce couplet étoit relatiſ aux fêtes données à un jeune Voyageur dans quelques Villes où il s'étoit arrêté.

dus, De l'œil ſui-vant ſes tra-ces,

On les vît, pour être mieux vûs

Monter ſur des é-chaſ-ſes. (*a*)

MAIS tandis que l'eſſain des jeux
Le ſuivoit à la piſte,
Il affectoit un air joyeux
Quand le cœur étoit triſte;
Tout avoit l'air de l'enchanter,
Spectacles, Jeux & Danſe;
Mais ils ne faiſoient qu'ajoûter
A ſon impatience.

(*a*) Alluſion à des combats ſur des Echaſſes, que l'on avoit fait voir au jeune Voyageur.

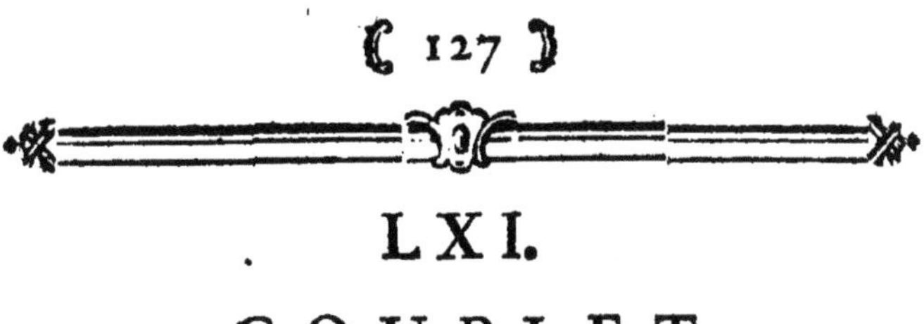

LXI.

COUPLET

Sur l'Air – Dia hue haux.

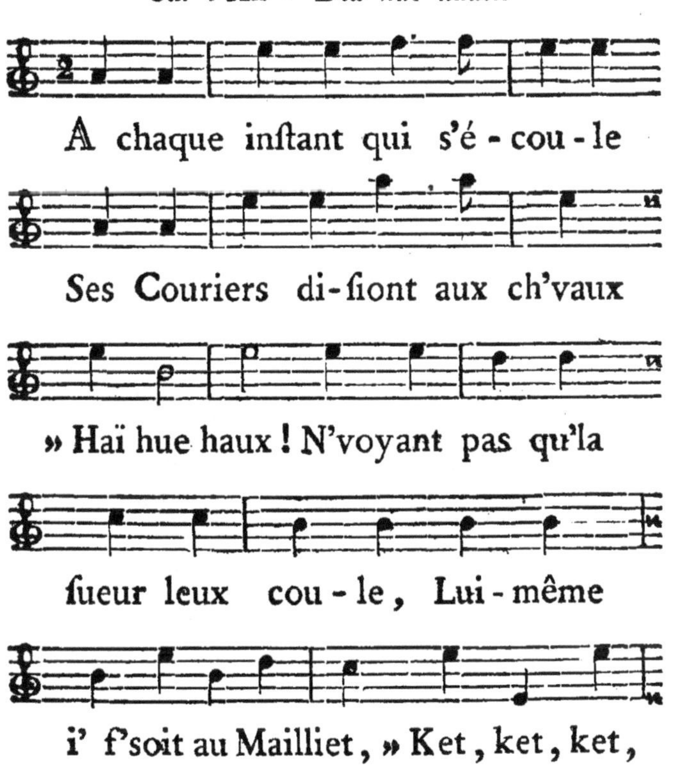

(*a*) Ce couplet & le ſuivant avoient pour objet de peindre l'impatience que le jeune Voyageur marquoit d'arriver.

» tir'cadet! Au galop v'la l'Tems qui roule;

» Et vous, vous n'allez que l'trot!

XLII.

XLII.

COUPLET

Sur l'Air - Y a trente ans.

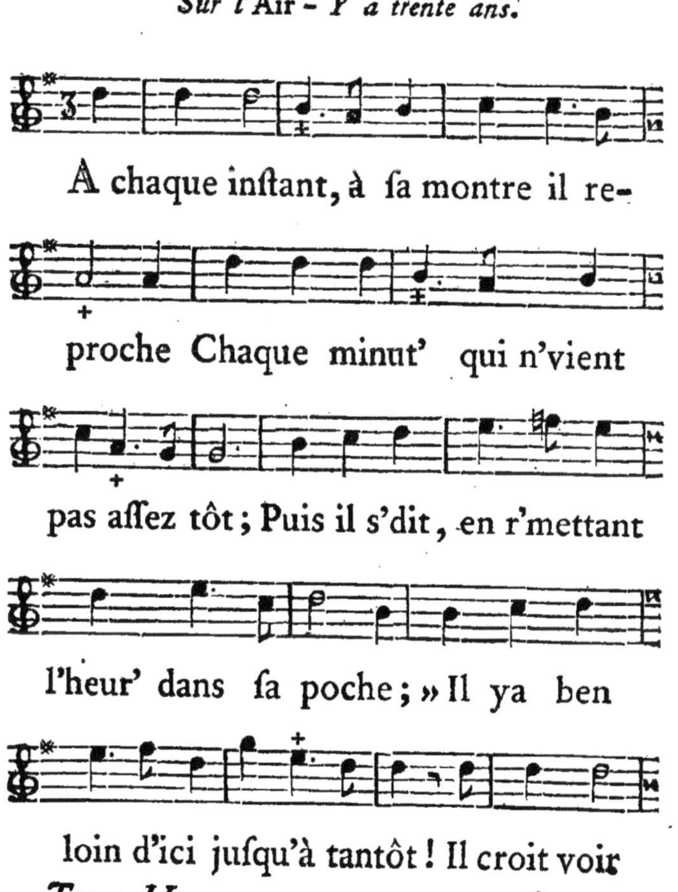

fuir le moment qui s'approche ; Il s'en croit

loin, qu'il arrive auſſi - tôt.

XLIII.

COUPLET

*Sur l'*Air - *Du Lanternier.*

(*a*) Couplet relatif à l'entrevue de la Sœur & du Frere.

Et couleurs & pa - let - te ; Choisit-on
pour la Sin-cérité Peintre à l'aveuglette !

XLIV.

COUPLETS

DEMANDÉS A L'AUTEUR,

Pour peindre la peur qui avoit ſaiſi des Acteurs qui comptoient ne jouer que dans le cercle de leur ſociété, & à qui de très-grands perſonnages firent dire, une heure avant la repréſentation, qu'ils vouloient voir le Spectacle.

***Sur l'Air** - Tout roule aujourd'hui dans le monde.*

De la peur dont l'ame eſt attein-te,

notre air eſt encor in-terdit; Mais

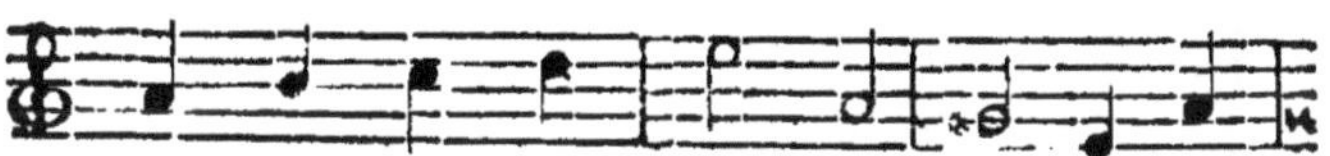

le plaiſir fait que la crainte Se

calme petit à petit; Nous euſſions

Vous, dont l'indulgence eſt extrême,
Laiſſez nous dire de bon cœur,
» Attrapez-nous ſouvent de même
» Pour mieux nous guérir de la peur !
Les jeux qu'ici le cœur apprête,
Vous doivent tout leur agrément;
C'eſt l'Objet qui reçoit la fête,
Qui nous la donne en ce moment.

XLV.

COUPLETS

D'UNE LANTERNE MAGIQUE,

DEMANDÉS A L'AUTEUR

PAR S. A. S. MONSEIGNEUR

LE DUC DE BOURBON,

Et faisant partie de différens autres objets préparés pour la premiere Fête que ce jeune Prince donnoit à Saint Maur,

à LL. AA. SS.

Madame la Duchesse de Bourbon, & Mademoiselle.

TABLEAU D'UNE BATAILLE.

Sur l'Air – Arrêtez-vous donc.

» ENTENDEZ vous ronfler l'canon? (a) » Eh!

(*a*) Ce couplet étoit censé adressé à S. A. S. Monseigneur le Prince de Condé.

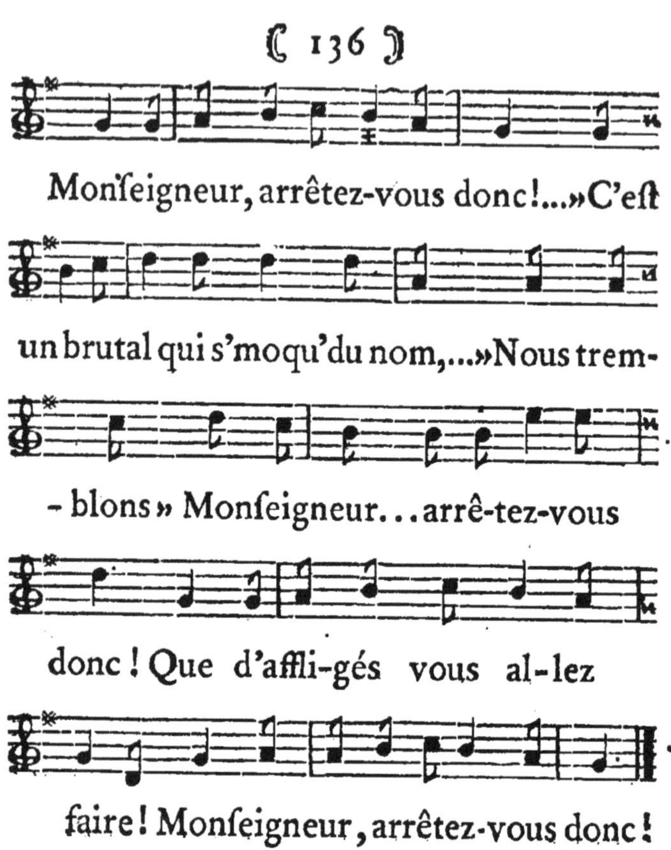
Monſeigneur, arrêtez-vous donc!...»C'eſt
un brutal qui s'moqu'du nom,...»Nous trem-
- blons» Monſeigneur...arrê-tez-vous
donc! Que d'affli-gés vous al-lez
faire! Monſeigneur, arrêtez-vous donc!

XLVI.

SUITE DE LA MÊME FÊTE.

Sur l'Air - Fille qui voyage en France.

LE bon exemple en-cou-ra-ge,

Et je ſuis ſûr que dé - ja ſon fils

Guette l'heureux â - ge De bril-

ler près du Papa, Et qu'il pé-til-le

De prouver qu'en tout, il a L'air de famille.

(*a*) Relativement à ce que l'on trouvoit que Monſeigneur le Duc de Bourbon avoit le nez du Grand Condé.

TES Lauriers, ſenſible Pere,
Comblerent-ils tous tes vœux?
Mars t'en laiſſoit un à faire
C'étoit d'être encore heureux
En Bellefille (*a*),
Sur trois Graces j'en vois (*b*) Deux
Dans ta famille.

(*b*) Fixant Madame la Ducheſſe de Bourbon.

(*c*) Et Mademoiſelle.

XLVII.

SUITE DE LA MÊME FÊTE.

LE PÉLERIN, QUI REVIENT DE BEAUMONT-LES-TOURS ;

Couplets relatifs à la tendresse de S. A. S. Madame DE *VERMANDOIS*,

POUR S. A. S. MADEMOISELLE.

*Sur l'*Air – *Le bonheur de ma vie.*

ON ne voit que trif - tef - fe Dans

tout Beaumont-les-Tours ; Mes regrets ;

dit l'Abbeffe, S'accroiffent tous les

jours;» Elle m'est donc ravie,» Cette char-

mante en-fant! » Le bonheur de ma

vi-e, » N'a du-ré qu'un instant.

» PAR ses soins on s'attache
» Au cœur qu'on veut former;
» Croit-on qu'on s'en détache
» Comme il se fait aimer?
» On veut que je l'oublie
» Ce cœur que j'aime tant!
» Le bonheur de ma vie
» N'a duré qu'un instant.

» VOUS êtes adorables;
» Mais gardez vos Enfans,

» Où qu'ils ſoient moins aimables !
» Meſſieurs mes chers parens !
» Elle m'eſt donc ravie
» Cette charmante enfant !
» Le bonheur de ma vie
» N'a duré qu'un inſtant.

» J'ÉTOIS ſi ſatisfaite,
» Je ſuis dans la douleur,
» Pour troubler ma retraite
» On m'amene un bon cœur ; . . .
» On veut que je l'oublie
» Ce cœur que j'aimois tant !
» Le bonheur de ma vie
» N'a duré qu'un inſtant.

XLVIII.

SUITE DE LA MÊME FÊTE.

Propos du jeune Prince, que l'Auteur a cherché à rendre.

*Sur l'*Air *- Accordez jeunes Fillettes.*

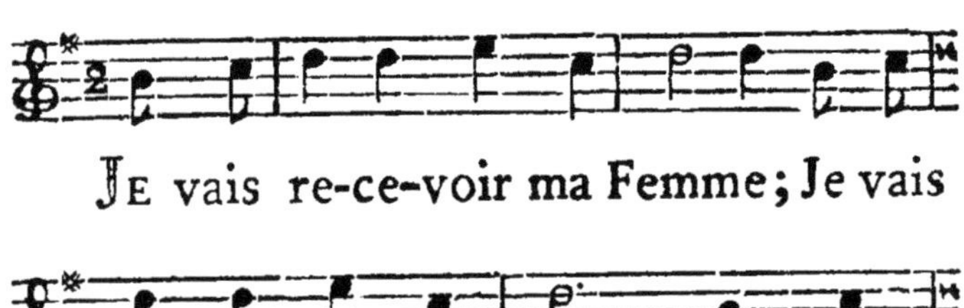

Je vais re-ce-voir ma Femme; Je vais

re - ce - voir ma sœur; Quand je

songe à la dou - ceur Qui dé-

- ja séduit mon ame, Je dis,

m'oc-cu-pant des Deux, » Qu'en un

jour c'eſt être heu-reux!

C'EST la fête de ma femme;
Qu'avec moi fête ma ſœur;
Nous partageons ce bonheur;
S'il paſſoit juſqu'à ſon ame,
Nous dirions mille fois mieux
» Qu'en un jour c'eſt être heureux!

MAIS comment fêter ma femme?
Mais comment chanter ma ſœur?
Que ne ſuis-je Acteur, Auteur!
Lira-t'on bien dans mon ame?
Que ne puis-je être, en ces lieux,
Tout ce qui fixe leurs yeux!

SANS Papa j'vais voir ma femme! (*a*)
Sans Papa j'vais voir ma sœur!
Bien qui manque à leur bonheur
Manque à celui de mon ame,
Voir tous Deux & toutes Deux!
C'étoit trop former de vœux.

MON Oncle (*b*) est cher à ma femme;
Mon Oncle est cher à ma sœur:
Il aime tant mon bonheur,
Que pour consoler notre ame,
Il vient exprès en ces lieux;...
Qu'en un jour c'est être heureux!

(*a*) LL. AA. SS. Monseigneur le Duc d'Orléans, & Monseigneur le Prince de Condé n'étoient pas de cette petite fête.

(*b*) Monseigneur le Comte de Clermont que l'on n'attendoit pas, étant arrivé une heure avant la fête, l'on ajouta ce couplet.

XLIX.

XLIX.

SUITE DE LA MÊME FÊTE.

*Sur l'*Air - *Il pleut ici, il neige.*

CES couplets
Sont-ils faits ?
Sont-ils bien ſoignés ?
Voyez
Enſemble,
L'enſemble !
Voyez Tous !
Preſſez-vous !
Tout le cœur
Me bat ; d'honneur,
Je tremble ;
Je tremble.

L.

SUITE DE LA MÊME FÊTE.

PROPOS

DE S. A. S. A L'AUTEUR.

*Sur l'*Ait - *Vous qui du Vulgaire ſtupide.*

On dit qu'aux ſeuls regards de Flore
On voit les fleurs s'é-pa-nouir ;
Je la vois dans ce que j'a-do-re,
Tout, à ſes yeux, doit s'embellir.

L I.

BOUQUET

A UNE CONVALESCENTE,

Sur un Air *de M. L***.*

Il peut aussi se chanter

*Sur l'*Air - *Tout roule aujourd'hui dans le monde.*

JE cherchois aux bords du Per-

mes-se Des fleurs pour se-conder

mes vœux ; Mon cœur m'en in - di-

- quoit sans ces-se, Mais un voi - le

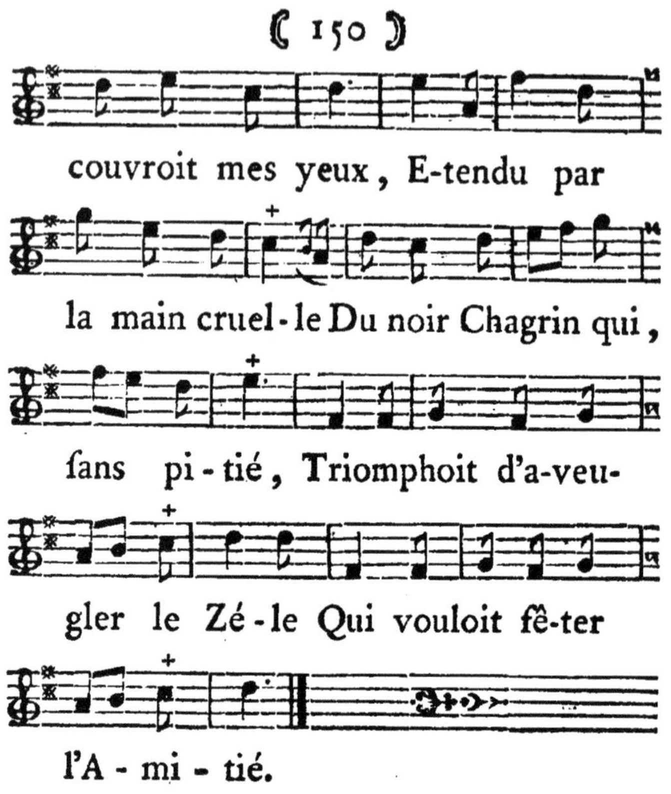

VOI, lui diſois-je, mes allarmes,
Cruel, toi qui vois, chaque jour,
Que l'Amitié mêle ſes larmes
A celles que répand l'Amour!
Mes peines ſont ta jouiſſance!
Pour mieux m'accabler ſous leur poids
Tu troubles la Reconnoiſſance!
Eſt-ce à toi d'étouffer ſa voix!

Il eſt une aimable Déeſſe
De qui la Gaîté tient le jour,
Sans qui languiroient la Jeuneſſe,
Les Talens, la Beauté, l'Amour;
C'eſt la Santé: (ſeule infidèle
Qui jamais ait trompé vos vœux!)
Notre cœur l'implore; & le Zéle
Sur ſon bonheur ouvre les yeux.

La Santé diſſipe les peines,
A ſa voix le noir Chagrin fuit;
Oubliez des allarmes vaines,
Pour ſonger au jour qui les ſuit!
L'œil, qui vous voit plus belle encore,
Croiroit aiſément que ſes pleurs
Avoient le ſecret de l'Aurore,
Pour donner plus d'éclat aux fleurs.

LII.

COUPLETS

D'UNE CURIOSITÉ. (a)

DONNÉE A L'OCCASION DU MARIAGE

DE M. LE M. DE P** ET DE Mlle DE B**.

Ils furent adressés à leurs Bienfaiteurs.

Sur un Air *de M. L****

(a) *On appelle de ce nom une boëte qui renferme des tableaux que montrent les Lanterniers.*

Des Vertus qu'on en - cen - ſe ;
Le Plaiſir, plus gai dans ce beau jour,
Se fi-xant ſur vos (b) tra - ces,
Vient ai-der la Nature & l'A-mour
A ra - ni - mer les Gra - ces.

(b) Aux Mariés.

L I I I.

SUITE DE LA MÊME FÊTE.

Couplet de Reconnoissance des Nouveaux Mariés.

Sur l'Air — Mais c'est la façon de le faire.

Tendres Cœurs qui donnez naissance

A des plaisirs si doux pour nous,

Souffrez que la Reconnoiſ-ſan-ce

E - le - ve sa voix jusqu'à vous !

Fai-re le bien, c'eſt ſa-tis-fai-re

votre goût; Mais c'eſt la fa-çon

de le fai-re, Qui fait tout.

Couplet du Lanternier.

PAR vos ſoins (*a*) quand l'Hymen couronne
Ici l'Amour (*b*) & la Beauté,
Le Plaiſir prête à votre Automne
Toute la chaleur de l'Eté;
Faire le bien, c'eſt ſatisfaire
Votre goût;
Mais c'eſt la façon de le faire,
Qui fait tout.

(*a*) Déſignant les deux Bienfaiteurs.

(*b*) Déſignant les Mariés.

L I V.

SUITE DE LA MÊME FÊTE.

LE MARIÉ

S'ADRESSANT A L'HYMEN.

Sur l'Air - Nous jouissons dans nos Hameaux.

Mille attraits en par - ta - ge...

Tout dit i - ci que le Plai - ſir

S'eſt peint dans ſon ou - vra - ge.

L V.

SUITE DE LA MÊME FÊTE.

COUPLET

RELATIF AUX PARENS

DES NOUVEAUX EPOUX.

*Sur l'*Air - *O la Rareté merveilleuse.*

VOIR les plaisirs d'un ten-dre Frere

Peints dans les yeux de sa Sœur

Qui rend u-ne fa - mille en-tie-re

At - ten - tive à son bonheur !

Dans Oncle & Ne-veu, Frere &
Sœur, Pour El-le ne trouver qu'un
cœur! Oh! la Ra-re-té merveil-
leus' La piéc' cu-rieus'!

L V I.

LA FÊTE A HUIS-CLOS.

*Sur l'*Air - *Dedans mon petit réduit.*

Ces couplets furent faits pour être chantés par une jeune Dame qui ſe trouvoit, le jour de la fête de ſon Mari, ſeule a ſa Terre avec Lui & ſon Fils.

neur

JE ne t'offre point de fleur
De notre Prairie,
Mais les vœux d'un jeune cœur (*a*)
Qui te doit la vie;
S'il m'a dit la vérité,
Il tient la sincérité,
Du cœur de ta Mie,
O gué,
Du cœur de ta Mie.

(*a*) Lui montrant son fils.

TIENS, ſi tu lis dans ſes yeux,
Son ame eſt ravie;
De me voir parler pour Deux
Elle eſt attendrie;
Si l'offrande t'a flatté,
Viens baiſer avec gaité
Ton fils, & ta Mie
O gué,
Ton fils, & ta Mie!

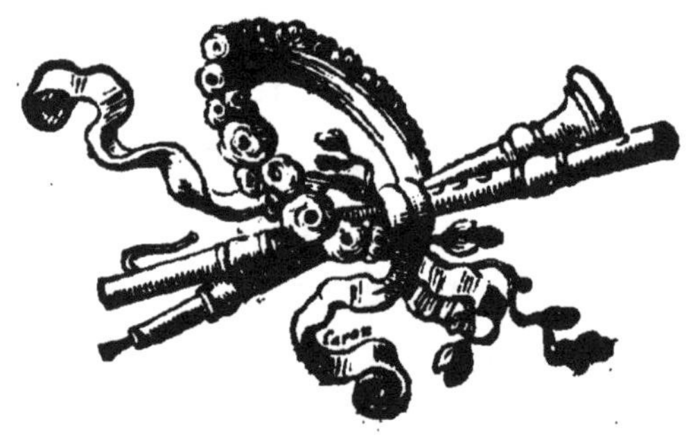

LVII.

RONDE VILLAGEOISE,

CHANTÉE A S. A. S. MADAME LA DUCHESSE DE BOURBON,

Lors de sa Réception à Chantilly. (a)

*Sur l'*Air – *Etes vous de Chantilly?*

QUI gnia d'joie à Chan - til - ly!

» Vrai - ment, ma Co-me - re, oui;

La rai - son en est ben clai - re;

(*a*) Cette Ronde a deux chœurs, étoit chantée par les Habitans, Hommes & Femmes; les Hommes chantoient tout ce qui est marqué de guillemets.

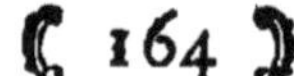

» Eh vraiment oui ; oui, ma Co-

- me-re ; » Vraiment ma Co - me - re,

» oui.

C'EST qu'on aime à Chantilly,
» Vraiment, ma Comere,
» Oui !
Tout c'qui ſçait aimer & plaire ;
» Eh vraîment oui ; oui ma Comere ;
» Vraiment, ma Comere,
» Oui.

C'EST c'qu'on fête à Chantilly,
» Vraiment, ma Comere,
» Oui ;

Dans la Femm' du Fils de not' Pere ;
» Eh vraiment oui ; oui ma Comere,
» Vraiment, ma Comere,
» Oui.

CAR c'eſt l'vrai Papa d'ici ;
» Vraiment, ma Comere,
» Oui ;
Mais y a d'sEnfans qu'il préfere ;
» Eh vraiment oui ; oui, ma Comere ;
» Vraiment, ma Comere,
» Oui.

SON fils s'ra not' pere auſſi ;
» Vraiment, ma Comere,
» Oui,
Mais y a tems pour tout jl'eſpere ;
» Eh vraiment oui ; oui, ma Comere ;
» Vraiment, ma Comere,
» Oui.

V'LA deux Per' pour Chantilly;
» Vraiment, ma Comere,
» Oui;
Il ne nous manquoit qu'un' Mere;
» Eh vraiment oui; oui, ma Comere;
» Vraiment, ma Comere,
» Oui.

LA v'la donc à Chantilly!
» Vraiment, ma Comere,
» Oui.
Et pour plus d'un jour, j'espere;
» Eh vraiment oui; oui, ma Comere;
» Vraiment, ma Comere,
» Oui.

COUCH'RA-t'elle à Chantilly?
» Vraiment, ma Comere,
» Oui;
C'te nuit n's'ra pas la derniere?
» Eh vraiment oui; oui, ma Comere;

» Vraiment, ma Comere,
» Oui.

SES beaux yeux, j'les vois d'ici;
» Vraiment, ma Comere,
» Oui;
La Gaité voit ç'qui l'éclaire;
» Eh vraiment oui; oui, ma Comere;
» Vraiment, ma Comere
» Oui.

SON cœur, je l'jugeons aussi,
» Vraiment, ma Comere,
» Oui;
Moulé sus stilà d'son Pere;
» Eh vraiment oui; oui, ma Comere;
» Vraiment, ma Comere,
» Oui.

SA taille eſt ben fine auſſi ;
» Vraiment, ma Comere,
» Oui ;
Mais ça n'dur'ra pas j'l'eſpere !
» Eh vraiment oui, oui, ma Comere ;
» Vraiment, ma Comere,
» Oui.

LVIII.

CHANSON

DEMANDÉE LE LENDEMAIN

A L'AUTEUR,

à l'occasion d'une Biche qui, dans la Ménagerie de Chantilly, renversa Monseigneur le Prince DE CONDÉ, *& Madame la Duchesse* DE BOURBON. (a)

Sur un Air - *de M. L***.*

Cette Chanson peut aussi se chanter

Sur l'Air - Nous jouissans dans nos Hameaux.

QU'EST-il ar-ri-vé dans ces lieux

(*a*) Ces couplets furent chantés, une demie heure après cet accident, à la Princesse, qui vint par sa présence rassurer les Habitans de Chantilly, & ranimer leurs danses que l'effroi leur avoit fait interrompre.

Où la joie é-toit pein-te!
Quoi! les momens les plus heureux
Sont si près de la crain-te!
Quels cris! on trem-ble d'y songer!
Un Pe-re, qui vous ai-me,
Pour vous pré-ser-ver du dan-ger
Veut s'y livrer Lui-mê-me.

QUELLE fureur ſemble animer
Cette Biche traîtreſſe !
Veut-elle à la fois allarmer
Le Zéle & la Tendreſſe ?
Ah ! de Diane (*b*) c'eſt un tour,
Et c'eſt ſon Emiſſaire
Qui pour la venger de l'Amour
Vouloit bleſſer ſa Mere.

VOUS éprouvez quel eſt ſur Nous
Tout l'effet de vos charmes ;
Et le plaiſir paroît plus doux,
Quand il ſuit les allarmes ;
Nous Vous voyons ; & notre cœur
A la fin ſe raſſure ;
Il en eſt quitte pour la peur,
Vous, pour l'égratignure.

(*b*) On ſçait que la Biche eſt l'animal conſacré à Diane.

Le lendemain, jour indiqué pour conduire la Princesse dans les Jardins de Chantilly, Monseigneur le Duc de Bourbon *ayant découvert dans les souterrains du Château une petite Statue de l'Amour cachée sous des décombres*, la fit placer dans le Bosquet *de l'Isle d'Amour*. On desiroit quelques Vers qui annonçassent à Madame la Duchesse de Bourbon, que cette Statue venoit d'y être placée pour Elle ; l'Auteur fit sur le champ cette petite Inscription mise au bas de la Statue.

Je me croyois *caché* ; mais cache-t'on l'Amour !
Echappe-t'il jamais à des yeux qu'il éclaire !
Henri m'a *découvert*, & m'expose *au grand jour* ;
Et, loin de l'en punir, je ne veux que lui plaire :
A ses regards puisque mes feux ont lui
Qu'il mene près de Moi sa Compagne fidele,
  Sûr que je répondrai pour Lui,
  Et parlerai toujours pour Elle ?

LIX.

CHANSON

D'UNE CURIOSITÉ

DONNÉE CHEZ M. LE COMTE DE M***.

*A M. LE MARQUIS DE M***.*

Et relative à une petite fête à huis clos que l'on y donnoit.

Sur l'Air – *La Fable eſt-elle obſcure, lure lure.*

VOIR Philémon re-ve-nir ſur la

terre, Apprendre l'art de recevoir les

Dieux, Chez l'Amitié qui, cherchant

à vous plaire, Voit ſes ſuccès auſ-

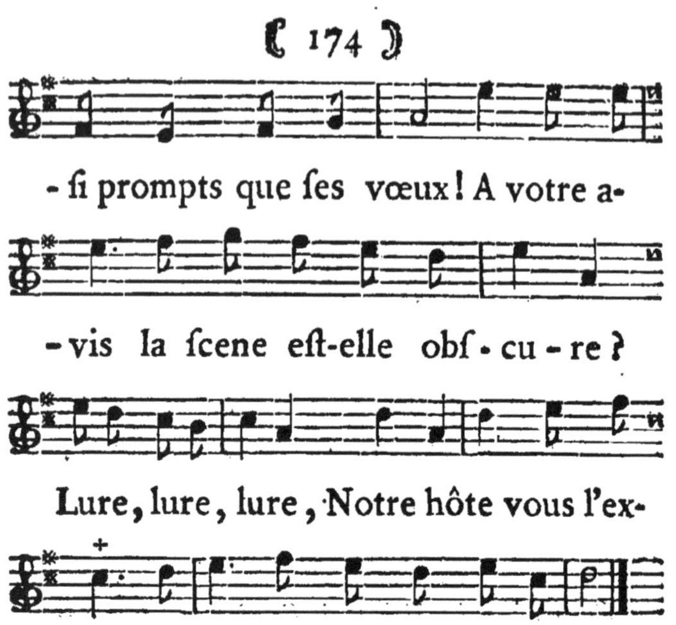

VOIR vingt Beautés qui toujours ſur leurs traces
Fixent les Jeux, les Amours, la Gaité,
Briller enſemble, & prouver que les Graces
Ne croyoient point à la rivalité !
A votre avis la ſcene eſt-elle obſcure ?
Lure, lure, lure,
Votre cœur vous l'expliquera ;
Il vous le prouvera.

VOIR un Guerrier que Minerve careſſe;
Unir en ſoi la gloire & la candeur,
Et nous prouver que c'eſt à la Sageſſe
Qu'il appartient de juger la Valeur!
A votre avis la ſcene eſt-elle obſcure?
Lure, lure, lure,
Votre cœur vous l'expliquera;
Il vous le prouvera.

VOIR la Raiſon embellir la jeuneſſe
Du tendre Objet qui fait tout ſon bonheur,
A ſes regards prouver que la tendreſſe
A des plaiſirs plus vifs que la Grandeur!
Heureux Epoux, la ſcene eſt-elle obſcure?
Lure, lure, lure,
Votre cœur vous l'expliquera;
Le notre en jouira.

LX.

IMPROMPTU

FAIT A TABLE,

CHEZ M. LE BARON DE ***

OFFICIER SUISSE,

Qui ne cessoit d'inviter à boire.

Sur l'Air - *Un Chanoine de Lauxerrois.*

UN Membre des trei-ze Can - tons

Chez Lui fait vuider maints flacons; Que

Bacchus le bé-nis-se ! Il dit, sans

discours su - per - flus : » Nargue ici

de

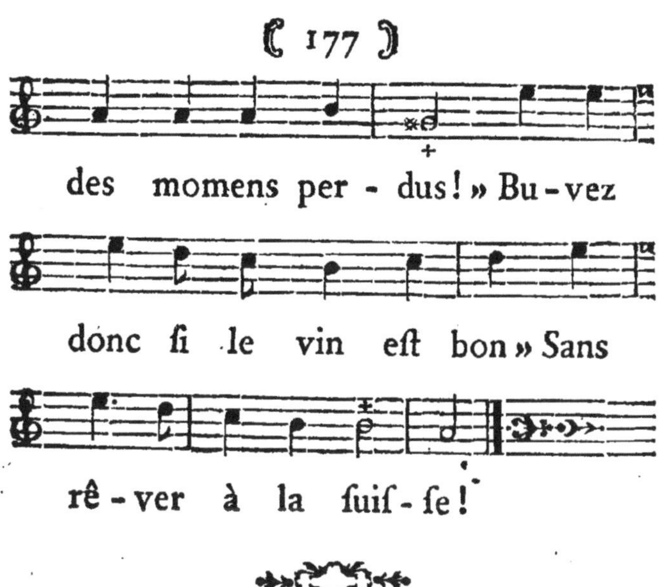

QUOIQU'ON soit gai quand on a bu,
Mon verre est le seul impromptu
Qu'aisément je remplisse;
Cher Pondevel, (a) fais-en pour moi!
Si tu veus, je boirai pour toi:
Le plaisir
M'ôte le loisir
De rêver à la suisse.

(a) Auteur de plusieurs Comédies charmantes; il avoit le talent des impromptus.

LXI.

BERGERIE.

Sur l'Air - De Titon & L'Aurore,

OU

Votre Cœur aimable Aurore.

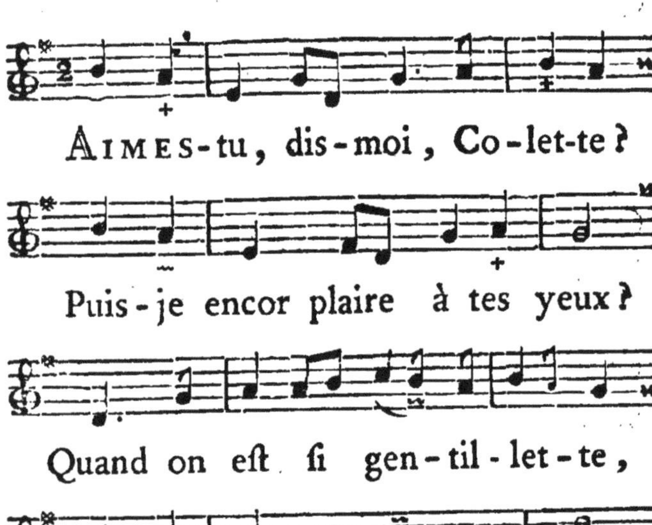

Si c'est fait; a-dieu, Co-let-te!

Je ne ſonge qu'à Colette;
Elle charme mes loiſirs;
Je donnerois ma houlette,
Pour un ſeul de ſes ſoupirs;
Un baiſer de ma Colette
Vaut lui ſeul tous les plaiſirs.

Des Bergers de ce Village
Ma Colette a tous les vœux;
Si ſon cœur eſt le partage
Du cœur le plus amoureux,
Des Bergers de ce village
Je ſerai le plus heureux.

LXII.

CHANSON

Sur ce qu'on demanda à l'Auteur qui faisoit des Jérémiades *sur le mauvais tems, de chanter au souper les infortunes du jour, dont la neige avoit dérangé les plaisirs.*

*Sur l'*Air *- Il étoit une Fille.*

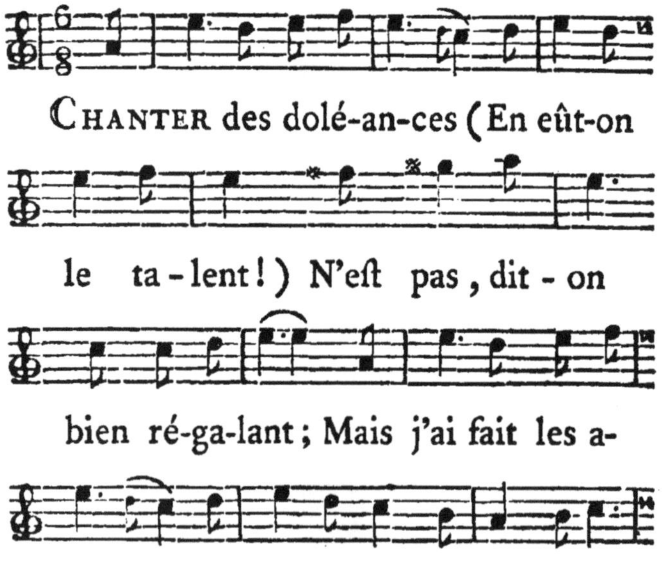

Ah! la maudite Neige
Qui troublant nos plaisirs
Nous fait pousser de grands soupirs!
Je crois que c'est un piége
Qu'ici nous tend l'Amour
Pour mîeux remplir le jour.

» Là haut sur ces Montagnes
» Bon Dieu! quel tems il fait,
Dit Chacun à qui ça déplaît!
» Il gêle en nos Campagnes,
» Mais pour nous, Dieu merci,
» Ne gèlons pas ici.

» Si nous ne pouvons prendre
» Des plaisirs de Chasseur

Dit Monſeigneur à Monſeigneur:
» J'en ai, même à revendre,
» Car ils ſont tous chez Moi,
» Lorſque je Vous y voi.

» Si vos jambes ſont laſſes;
» Si vous boitez déja,
» Ce tems-là vous repoſera;
» Allez tirer des *chaſſes* (*a*)
» Puiſqu'on ne peut tirer
» *A la chaſſe à tirer.*

» Jusqu'a ce que la table
» Ranime la Gaîté,
» Chacun ira de ſon côté;
» Demain *ce tems du Diable.*
» Sans doute, finira;
» Autre plaiſir viendra.

(*a*) On fit une partie de Paulme.

LXIII.

BOUQUET A MADELAINE.

Sur un Air *de M. L***.*

Il peut aussi se chanter

*Sur l'*Air - *Le Cœur que tu m'avois donné.*

ELLE sçut plaire à tous les yeux,

Votre ai-ma-ble pa-tro-ne ; A Paphos

comme dans les Cieux, Elle obtint

la Cou-ron-ne ; Aussi dans l'une &

l'au - tre Cour, Pour chanter ſes lou-

an - ges, On vit diſputer tour à tour

Les Amours & les An - ges.

SA morale eut trop de rigueur,
Eh ! peut-elle être utile,
Quand pour vouloir ſauver un cœur
On en fait damner mille !
LAmour offroit à ſes deſirs
Tout ce qu'il offre aux vôtres ;
Laiſſez la pleurer ſes plaiſirs !
Riez toujours aux nôtres !

Que de Cœurs souffriroient à voir
La Beauté dans les larmes!
Eh! peut-on se faire un devoir
De l'oubli de ses charmes!
Fixez toujours, comme en ces lieux,
Les Heureux que Vous faites!
Et croyez qu'on trouve les Cieux
Au séjour où Vous êtes!

LXIV.

CHANSON (a)

INSÉRÉE DANS UN PROLOGUE DE PARADE.

Sur l'Air - C'est encore mieux.

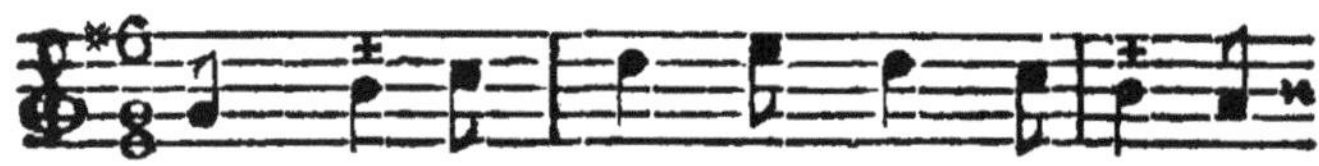

UN Monseigneur qui, l'an passé, A-

-vec Nous venoit ri-re, Ranime i-

- ci notre gaîté Par celle qu'il ins-

(a) *Elle fut faite pour être chantée à deux Monseigneurs, dont l'un avoit vu plusieurs fois dans la même maison ces Spectacles de gaîté, & l'Autre les voyoit pour la premiere fois.*

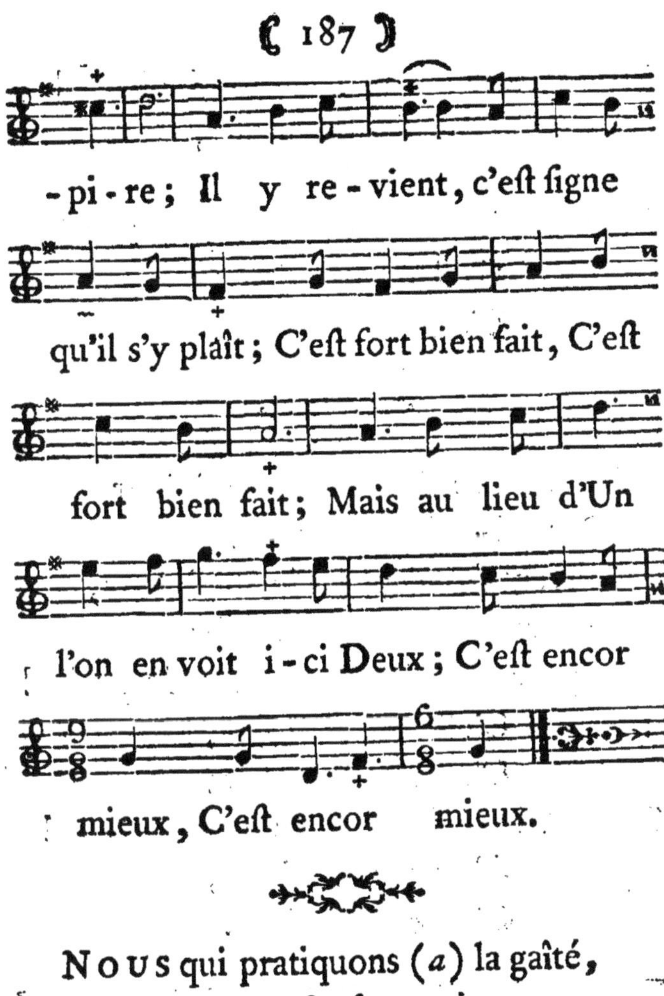

NOUS qui pratiquons (*a*) la gaîté,
Nous voyons, & ſans peine,
Qu'un mince éloge médité
La contraint, & les gêne;

(*a*) On ſçait que le genre de la Parade n'admet point d'éloge.

Mais qu'une fois le Cœur ſoit indiſcret!
C'eſt fort bien fait,
C'eſt fort bien fait;
Et qu'ils ſoient tous indiſcrets pour tous Deux!
C'eſt encor mieux,
C'eſt encor mieux.

SUR notre Scene chaque Acteur
Pour ſoi-même s'amuſe,
Souvent frondant (*b*) le Spectateur,
Sans crainte & ſans excuſe;
Que pour tous Deux on ſorte du projet!
C'eſt fort bien fait,
C'eſt fort bien fait;
Qu'un Directeur nous anime pour Eux!
C'eſt encor mieux,
C'eſt encor mieux.

(*a*) On ſçait encore que le ton de ces Spectacles eſt de faire des plaiſanteries aux Spectateurs, & ſouvent même de les apoſtropher.

LXV.

AUTRE CHANSON,

INSÉRÉE

DANS LE MÊME PROLOGUE.

Pour les Mêmes, & *chantée par le* Même *Auteur, qui s'excusoit de ne pouvoïr dire que les* mêmes *choses.*

Sur l'Air — Entre l'Amour & la Raison.

ON me demande en *mê - me* - tems

Mêmes vers, *mêmes* complimens, Pour deux

Mêmes Objets qu'on aime, Qui regar-

dent des *mê - mes* yeux Le *même*

L'ACTEUR, *même* le Spectateur
Ont le *même* but de l'Auteur,
Qui *même* unit les uns aux autres;
Au gré *même* de nos desirs,
On voit dans leurs *mêmes* plaisirs
Que nous travaillons *même* aux nôtres.

Pour leurs deux Oncles *même* ardeur
M'a procuré *même* bonheur,
On met le *même* Auteur *à même.*
Même desir l'animera:
Et *même* aux Neveux prouvera
Qu'il est pour eux-*mêmes* le *même.*

MA foi, ſur les *mêmes* Objets
J'ai le *même* moule à couplets;
Dans mes vers *même* ardeur pétille;
Doit-on blâmer le *même* Auteur,
De ne montrer qu'un *même* cœur,
Pour chanter la *même* (*a*) famille !

(*a*) L'Anteur avoit chanté toute la Famille.

LXVI.

COMPLAINTE

A MA MUSE.

Sur l'Air – Croissez Vigne & Fillettes joliettes.

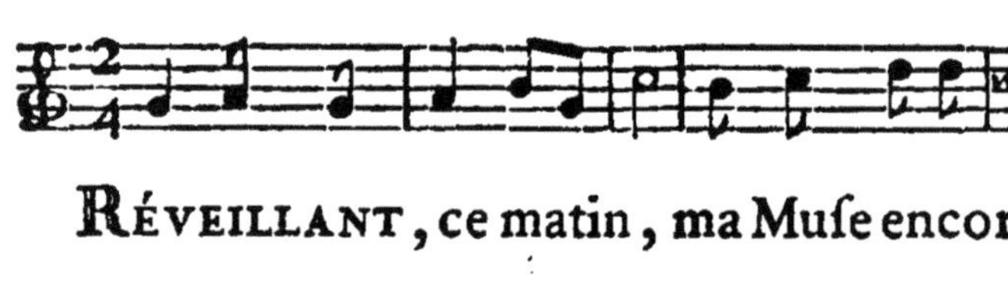

RÉVEILLANT, ce matin, ma Muse encor

endormi-e, je disois » J'ai du chagrin ;

» Je n'ai point, Ma douce A-mie, »Mes

airs, » Mes vers ; Chacun a sa chan-

son

ſon, » L'on eſt en veine ; » Rêviez-vous

à la mienne ? » Parlez-donc !

» DONNEZ-moi du nouveau !
» Vous qui ſçavez que le Zéle,
» Quoiqu'ancien dans le château,
» Tous les ans, s'y renouvelle !
» Que mes
» Couplets
» Soient ſur des airs joyeux,
» Quand tout veut l'être,
» Soient bons comme le Maître
» De ces lieux!

» D'Eloge, il n'en veut pas ;
» Refléchiſſez-y ſans ceſſe !

» (Car ce n'eſt que dans ce cas
» Que la Vérité le bleſſe ;)
» Chantez,
» Vantez,
» Les plaiſirs qu'aujourd'huï
» Nos cœurs éprouvent,
» Vrais plaiſirs qu'ils ne trouvent
» Qu'avec lui !

Mon recit achevé,
J'ai tranſcrit ſous ſa dictée
Quelques vers qui m'ont prouvé
Qu'elle étoit mal éveillée...
Sans traits,
Malfaits ;
» Prenez ce couplet-là !
» Chantez, dit-elle !
Cet effort de ſon zelé,
Le voilà. (*a*)

(*a*) Tirant un Conplet de ſa poche.

MONSEIGNEUR, (b) *tous nos cœurs*
Sont taillés en même étoffe ;
Car, en ces instans flatteurs,
Un même objet les échauffe ;
Voyez !
Croyez
Qu'ils n'ont tous qu'un desir,
C'est de vous plaire !
Tâchez de leur en faire
Le plaisir.

PARTAGEZ (*c*) mon chagrin!
Versons-nous vîte rasade !
Pouvons-nous, dans trop de vin,
Noyer ce Couplet maussade !

(*b*) Ce couplet se chantoit de maniere à en faire saisir le ton affecté & ridicule.

(*c*) Aux Convives.

Verſons !
Paſſons ! (*d*)
Buvons à la ſanté
Qui met en veine !
Que cet inſtant ramene
La Gaîté !

(*d*) Paſſant la bouteille.

LXVII.

LA SERVANTE.

ÉTRENNE DONNÉE

PAR MADAME LA D. D. C.

A MADAME LA M. DE P.

Sur un Air *de M. L****

MA Servan - te (*a*) ſert à ra - vir;

Elle de - ſi - re vous ſer - vir,

Ah! daignez remplir ſon at-ten-te!

(*a*) C'eſt le nom que l'on donnoit à une eſpece de *Néceſſaire* qui renſermoit des Epingles, des Aiguilles, & autres petits uſtenciles à l'uſage des Dames, & qu'Elles portoient à leur montre, ou à leur côté.

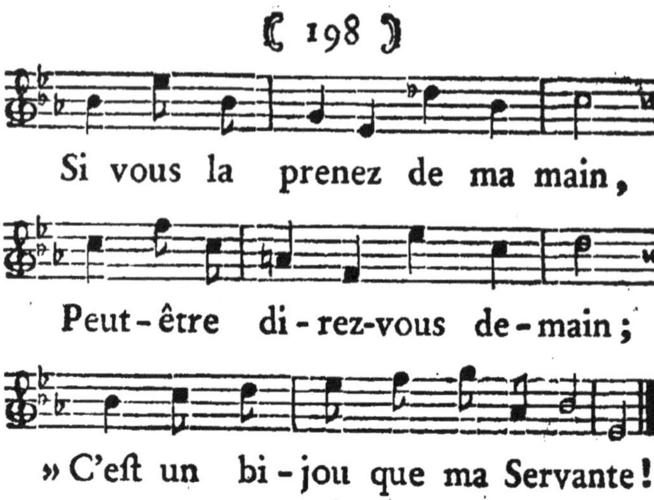

SANS prendre de renſeignement,
Fiez-vous en tout bonnement
A la main qui vous la préſente!
En tout je puis vous dire en gros,
Que les talens & les défauts,
Tout eſt petit dans ma Servante.

LES dehors nous trompent ſouvent,
Souvent tel qui va plus avant
Voit l'abus d'un talent qu'on vante;
Mais on peut la ſonder à fond,
Sans qu'il en réſulte un affront
Pour le talent de ma Servante.

JAMAIS on ne la grondera;
Jamais Elle ne répondra;
Tout ce qu'on en fait la contente;
Elle a pourtant l'unique lot
De piquer ſans dire un ſeul mot;
C'eſt un défaut de ma Servante.

A vous quand elle s'ouvrira,
Sçavez-vous ce qui couvrira
Ce défaut d'être un peu piquante?
C'eſt d'y trouver, ſans trop chercher,
Tout ce qu'il faut pour attacher;
C'eſt le ſecret de ma Servante.

SES vœux ſeront-ils écoutés?
Etre ſans ceſſe à vos côtês,
Eſt le deſir qui la tourmente;
Logez-là donc ſi près de vous!
Quel maître ne ſeroit jaloux
D'être où vous mettrez ma Servante!

QUAND votre aveu l'y placera,
A la minute elle ſera,
Ayant toujours l'heure préſente ;
Et c'eſt enfin pour mieux ſçavoir
L'heure ou l'Amitié peut vous voir,
Que je vous donne ma Servante.

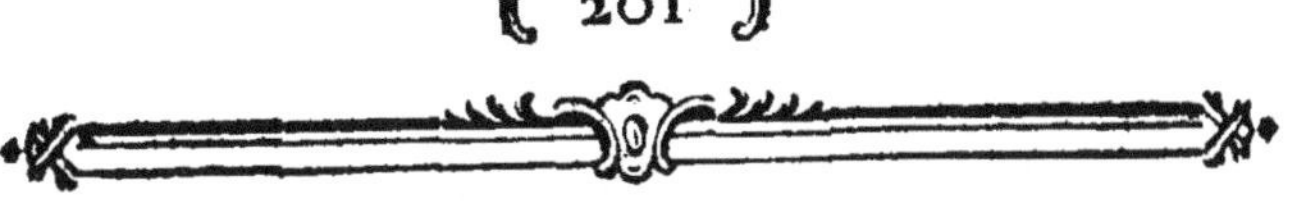

LXVIII.

CHANSON

FAITE A L'OCCASION

D'UNE FÊTE DONNÉE A PETIT BRUIT.

Sur l'Air - *Ah ! que Colin est charmant !*

QUE le Jour céde à la Nuit

Tous ses droits sur votre fê - te !

Souvent le Cœur est sé - duit

D'un hommage à pe - tit bruit ;

C'est un Enfant que l'A-mour ;

Le faſ-te n'a rien qui l'ar-rê-te ;

C'eſt un Enfant que l'Amour ;

Il aime mieux la Nuit que le Jour.

JADIS un Décret des Cieux
Ordonna que ſur la terre,
Le Jour éclairât les jeux,
Les fêtes du Roi des Cieux :
L'éclat lui plaît ! dît l'Amour ;
» Il ſied au Maître du tonnerre !
» L'éclat lui plait ! dit l'Amour ;
» Prenons la nuit puiſqu'il prend le jour !

A Jupiter on chantoit
Des airs bruyants pour ſa fête;
L'écho qui les écoutoit,
Juſqu'au Cieux les répétoit;
» Echo tais-toi, dit l'Amour,
» Sur les accords que l'on m'apprête!
» Echo, tais-toi! dit l'Amour,
» Mes airs de nuit vaudront ceux du jour.

QUAND Phœbus, de ſes travaux,
Chez Thétis va ſe diſtraire,
Et chercher au fond des Eaux
Les Plaiſirs & le Repos;
Lui-même il dit à l'Amour:
» J'éclaire tout, ton feu m'éclaire;
Lui-même il dit à l'Amour
» Vas, pour mon cœur la nuit vaut le jour.

Le grand jour perd Actéon ;
La Nuit, par ſes ſombres voiles,
Sert les feux d'Endimion ;
Diane en fait ſon Mignon ;
» Allons donc ! lui dit l'Amour ;
» Lune, fais lui voir des étoiles !
» Allons donc ! lui dit l'Amour ; ...
» On fait la nuit ce qu'on craint le jour.

Jupiter ſéduit Io,
Par le ſecours d'un nuage,
Et lui montre le Duo
D'ô Himen ! Himen Io !
Oui ; le bandeau qu'à l'Amour,
Dit que l'éclat lui fait ombrage ;
Oui, le bandeau qu'à l'Amour,
Dit que pour Lui la Nuit vaut le Jour.

SI vous avez la rigueur (*a*)
De défendre, à notre bouche,
Le moindre éloge flatteur
Qu'il faut cacher dans ſon cœur;
Un rien, offert par l'Amour,
N'aura rien qui vous effarouche;
Un rien, offert par l'Amour
Soutiendra mieux la nuit que le jour.

(*a*) A l'Objet de la fête.

LXIX.

VAUDEVILLE
DEMANDÉ A L'AUTEUR,

Pour le divertiſſement du Pélerinage *dans la Comédie des trois Couſines.*

Sur un Air - *de M. L****

VOYA-GEZ au temple d'Amour!

Notre bonheur vous en-cou-ra-ge;

Pour goûter ce pé-le-ri-na-ge,

Il faut en ê-tre de re - tour;

Est-il un voyage plus doux!
Qui l'a fait ſonge à le refaire;
L'Amour y fit venir ſa Mere,
Ça lui plut dit-on comme à Nous:
Doux Plaiſir & Gaîté naïve
De fleurs nous ſement le chemin;
Et l'Amour ouvre au Pélerin,
Auſſi-tôt qu'il arrive.

POUR tromper Argus & jaloux
Il eſt des détours qu'il faut prendre ;
Votre cœur doit vous les apprendre ;
Plaiſirs ignorés ſont plus doux.
Dans la route qu'il faut qu'on ſuive
Marchez toujours à petit bruit !
C'eſt à l'Amour ſeul d'être inſtruit
De l'heure où l'on arrive.

CHACUN ſçait comme Endimion
Pour Pélerine prît la Lune ;
Et les voyages *ſur la brune*
De lui nous viennent ce dit-on ;
Dans la route qu'il faut qu'on ſuive,
Souvent trop de Soleil nous nuit ;
Et Pélerin, qui va de nuit,
Eſt frais quand il arrive.

Ne laiſſez jamais en chemin
Pélerine & jeune & gentille !
Car l'Amour, ſur cette vétille,
Rarement prend le ton badin ;
Dans la route qu'il faut qu'on ſuive,
S'il vous ſurvenoit ce chagrin,
L'Amour vous diroit : » Pélerin,
» Eſt-ce ainſi qu'on arrive ?

Un peu de repos nous eſt bon ;
Sur ce point ſi Fillette eſt ſourde,
Pour la ſoif ménagez la gourde,
Pour la fatigue le bourdon !
Sur la route qu'il faut qu'on ſuive
L'Amour veut qu'on régle ſon train ;
Il ne veut pas qu'un Pélerin
Soit las quand il arrive.

TOUS les jours ne ſont pas ſereins
Mais l'inſtant diſſipe un nuage ;
Jamais ni le froid ni l'orage
N'effrayerent bons Pélerins ;
Dans la route qu'il faut qu'on ſuive
On riſque à s'arrêter en vain :
Aller toujours ſon droit chemin,
C'eſt ainſi qu'on arrive.

LXX.

RÉCEPTION

D'UN SEIGNEUR DE CHATEAU. (a)

Sur l'Air - Ah, ah. Ou les cinq voyelles.

» Nos plus biaux jours les voilà! *Ah*! *ah*!

Me disoit tout le Vil-la-ge; Monsieur

» vous d'vais sçavoir ça? *Ah*, *ah*,

» Vous guettiez comm' nous, je l'gage,

(*a*) Dans cette Chanson faite pour être jouée, il faut rendre le ton de gaîté de chacun des Interlocuteurs.

MONSIEUR, m'a dit le Curé,
Hé, hé, (d)

(b) Montrant le Seigneur du Château.

(c) D'un ton ſuppliant.

(d) Riant d'un air un peu compoſé, & en minaudant.

De rimer il eſt facile,
Pour un Seigneur révéré,
Et, *Et*,
A la Cour comme à la Ville,
Adoré ;
Mais faites que ſon village
Ait ſa part dans votre hommage !
Chacun vous en ſçaura gré
Hé, *hé*, *hé*, *hé*,
A c'mencer par le Curé.

FILLETTE (*e*) en riant ainſi,
Hi, *hi !*
M'a, d'une façon gentille,
Dit : pourriez vous faire auſſi,
(*Hi*, *hi*,)
Un couplet pour chaque fille ?
Car ici

(*e*) En riant d'un petit air ſournois.

Les Garçons, à chaque fête,
Prenn' les d'vants, menent la tête,
Nous traitent en racourci;
(*f*) *Hi! hi! hi! hi!*
Ne nous traitez pas ainsi!

LE Carillonneur Guillaut (*g*)
Au haut,
Du clocher de ce Village,
Dit » J'ai tant sonné qu'jai chaud;
Oh! oh!
Mais j'montrons au voisinage
Comme il faut
Sonner l'Plaisir à plein' cloche
Pour qu'il entende, & s'approche
Pour égayer le cerviau
Oh, oh, oh, oh, (*h*)
Du bon Seigneur du Châtiau.

(*f*) Avec le ton boudeur.

(*g*) Avec la grosse gaité villageoise.

(*h*) Riant.

UN Chartier eſt accouru
» *Hu ! hu !* (i)
» Gratis au Châtiau j'vous mene
» Montez à la queu lu lu ,
» *Hu ! hu !*
» Serrez , Filles ! que tout tienne ,
» Attendu
» Qu'à tretous c'eſt notre fête ,
» Quand Not' maître ici s'arrête !
» Et vous , Monſieur l'entendu
» *Hu ! hu ! hu ! hu !*
» Fait' pour lui queuqu'impromptu !

Couplet de l'Auteur.

POUR varier ce tableau ,
Oh ! oh !
Quelle main aſſez heureuſe !

(*i*) Geſte de faire claquer le fouet.

Pour vous donner du nouveau,
Oh ! oh !
C'eſt en vain que l'on ſe creuſe
Le cerveau !
Toujours ce portrait fidele
Eſt fait par la main du zele,
Trop ancien dans le Château,
(*Oh, oh, oh, oh !*)
Pour y changer de pinceau.

LXXI.

PRIERE PASTORALE

A L'AMOUR.

ROMANCE. (a)

Sur un Air *de Mademoiselle P****

I. Coupl. Majeur.

Il est u-ne jeu-ne Ber-ge-re,

Belle aux yeux de tous nos Bergers;

Comme l'Astre qui nous é-clai-re,

(a) Cette Romance a été demandée à l'Auteur pour un petit divertissement pastoral.

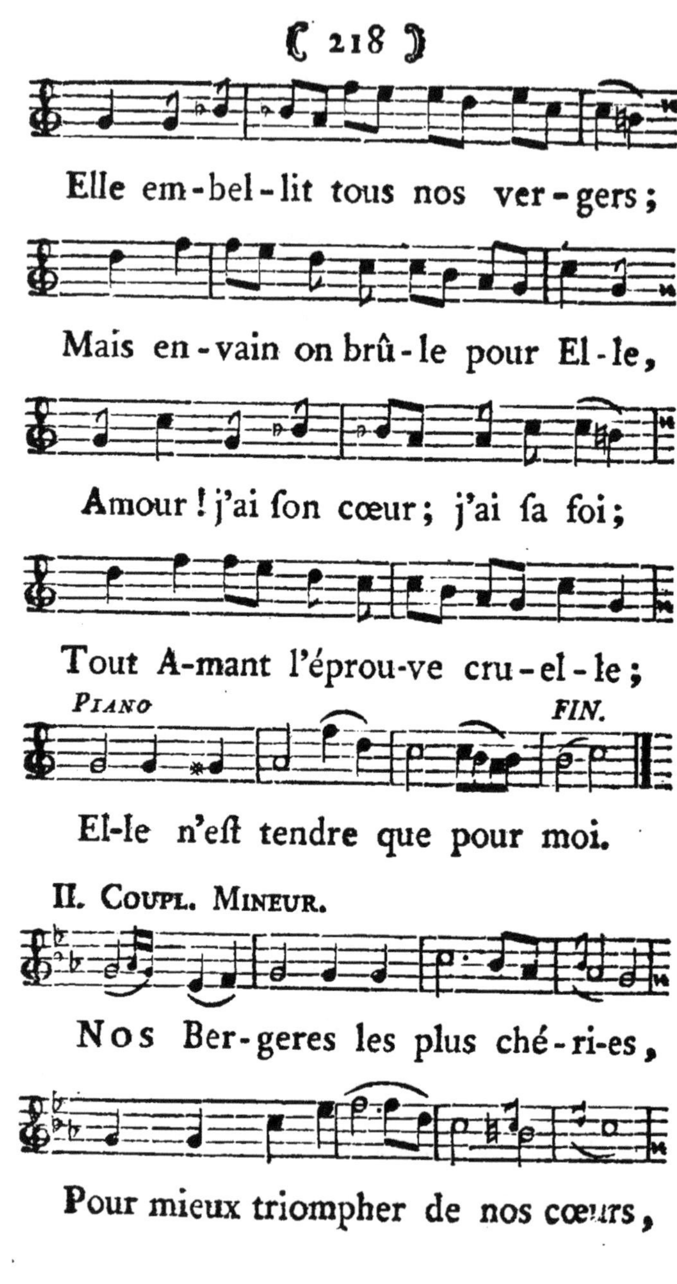
Elle em-bel-lit tous nos ver-gers;
Mais en-vain on brû-le pour El-le,
Amour! j'ai ſon cœur; j'ai ſa foi;
Tout A-mant l'éprou-ve cru-el-le;
PIANO
FIN.
El-le n'eſt tendre que pour moi.
II. COUPL. MINEUR.
Nos Ber-geres les plus ché-ri-es,
Pour mieux triompher de nos cœurs,

Vont ſe parer dans nos prai - ri - es,

Avec art choi - ſiſ-ſent des fleurs;

Sans ſoins, ſans art, ſans impoſtu-re

Ma Ber - ge-re plaît tou-jours mieux;

Sa beauté lui ſert de pa - ru - re,

Et ſon é-clat eſt dans ſes yeux.

MAJEUR.

SI l'on voit les préſens de Flore,
Quelquefois briller ſur ſon ſein,
C'eſt que ma main les fit éclore,
Ou qu'ils ſont placés par ma main;
Le deſir ardent de nous plaire,
Eclaire & nos cœurs & nos yeux,
Sur l'heureux ſecret de nous faire
Les dons qui nous plaiſent le mieux.

MINEUR.

OUI, c'eſt par ſa main que fut faite
La Pannetiere que tu vois;
De ſa main je tiens ma houlette;
D'Elle encor je tiens mon haut-bois;
D'Elle encor je tiens ma muſette;
Auſſi je ne changerois pas
Chaque don de ma Bergerette,
Contre un ſceptre & tous ſes appas.

MAJEUR.

TOI que nous ſervons avec zele,
Tendre Amour ! fais que notre cœur
Des maux de l'abſence cruelle
Connoiſſe toute la rigueur !
Mais quand le bonheur nous rappelle
Près de l'Objet de nos deſirs,
Que l'Un ſoit pour l'Autre un modele
Et de conſtance & de plaiſirs !

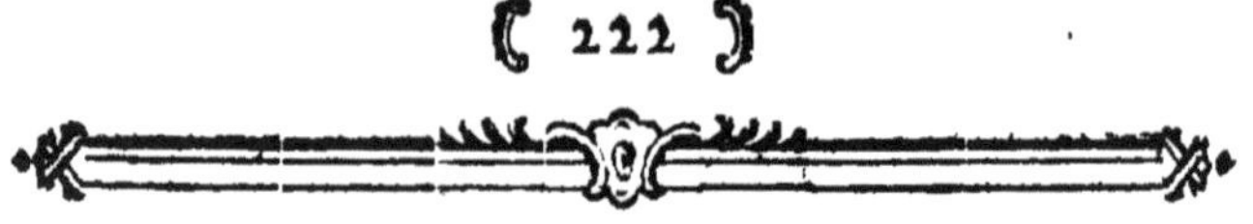

LXXII.

COUPLETS (*a*)

*Sur l'*Air – *Nous autres bons Villageois.*

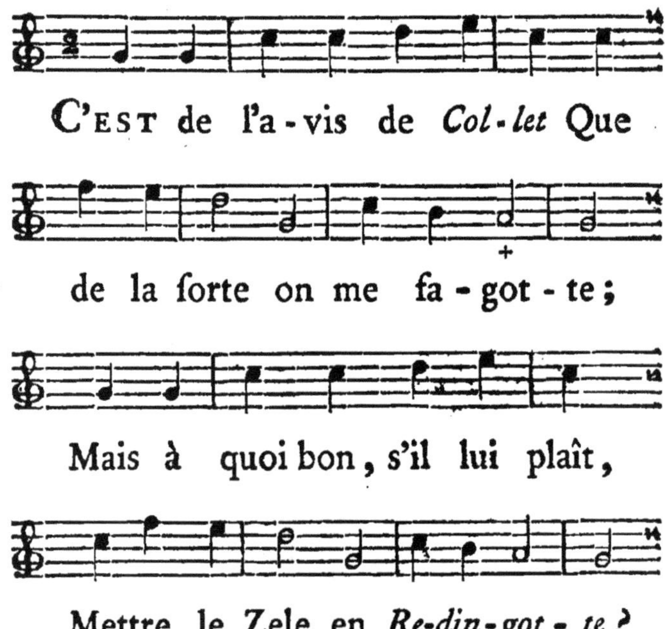

(*a*) Ces couplets furent faits pour une petite Fête, où l'Auteur jouoit une Scene de *Valet en Redingotte.*

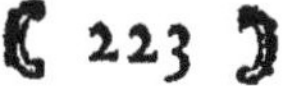

Ma foi, je lui di-rai tout net, S'il

fal - loit me mettre en *Va - let*,

Qu'il eût mieux va-lu, Monſeigneur,

Me mettre en *Valet de cœur*.

OUI de cœur, puiſqu'en ce jour
Chacun en porte *la livrée*;
L'Attachement & l'Amour
A tous leurs vœux l'ont conſacrée;
Mais quelque forme qu'à vos yeux
Chacun d'Eux emprunte en ces lieux,
Que vous diront-ils, Monſeigneur,
Que vous ne ſçachiez par cœur!

CEPENDANT ſous cet habit
Mes couplets gagneront peut-être;
Il ſuppoſe moins d'eſprit,
Et dit que *Valet n'eſt pas Maître;*
Si parmi les maîtres couplets
Qui pour vous plaire ont été faits,
Les miens plaiſent, je ſuis pourtant
Paſſé Maître en cet inſtant.

LXXIII.

LXXIII.

ANECDOTE HISTORIQUE,

SUR UNE GRAND-DAME

DU TEMS PRÉSENT,

Qui ne parle que de Guerre, de Combats, d'Assauts, de Chasse, & de Chevaux.

CHANSON PAYSANNE

Sur l'Air - Dam' ça fait plaisir au pauvre monde.

ZÉCOUTEZ-moi! J'vous dirai, sur ma

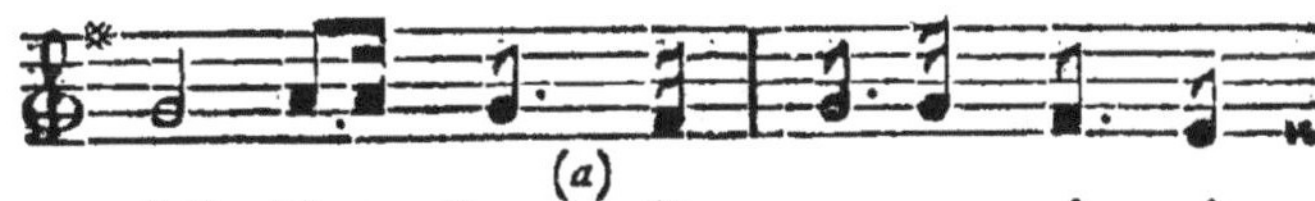

foi, Des chos'(a) qu'on au-ra peine à

croi - re; Dans ces chos'- là, V'là

ç'qui vous surprendra; c'est qu'c'est pas t'un

(a) Pour choses.

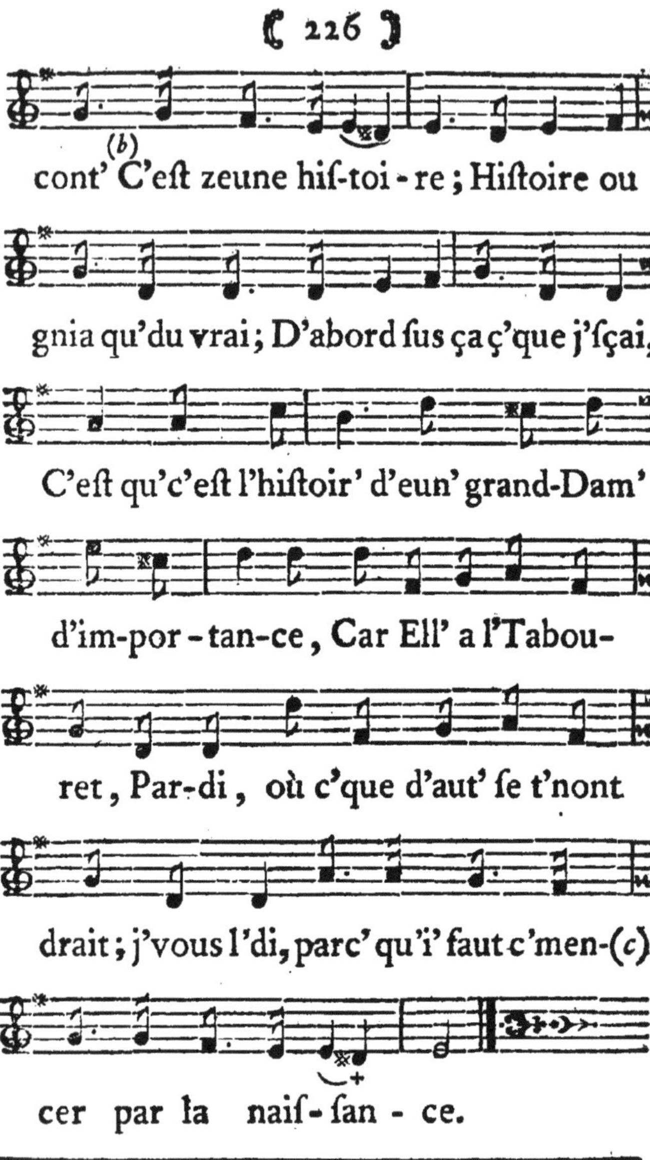

(b) Pour conte.

(c) Pour commencer.

Je n'sçais pas c'ment (*d*)
Zon app'lloit sa Maman ;
Mais j'crois ben qu'Mars fut son cher pere ;
Je l'dis ; c'est pour
Montrer clair, comm' le jour,
Qu'AL'L' y a pris tout' son himeur guerriere ;
Quand ç'Dieu fendant
La fît,
J'gag' qu'à Maman
Il dit :
(*e*) » T'nez, j'songeois plus à mon sexe qu'au vôtre
» Mais l'vôtre a pervalu (*f*)
» Je l'croi ;
» Et pis (*g*) qu'tout est conclu,
» J'veux, Moi,
Qu'Un Sexe en tout tems l'envie à l'Autre.

(*d*) Pour comment.

(*e*) Pour tenez.

(*f*) Pour prévalu.

(*g*) Pour puisque.

FIERTÉ, douceur,
Et tendresse & valeur,
Rapport à ça s'trouvont en Elle;
Mais ça n'fait pas
Que L'fabriqueux d'combats
Il n'ait mis du plus dans son modele;
Aussi parlez
D'pon pon,
Vous désolez
Tout d'bon
C'te Dam', pour qui la parur' n'a brin d'charmes
Mais, (quasi comme le fils
Si fort,
Qu'avoit Madam' Thétis)
D'abord
Son cœur i s'décéle au brit (*h*) des armes.

(*h*) Pour bruit.

VEUT-on sçavoir
Ce qu'all' prend pour boudoir ?
Messieurs ses Ch'vaux pourriont ben l'dire :
Matin & soir,
All' employe à les voir
Tout le tems qu'all' ne donn' pas à lire ;
C'est son aut' goût
Stilà ;
En liv' (*i*) sur-tout
All' a
Soin d'ach'ter ceux qui parlont chasse ou guerre ;
De Robe all' se pass'ra
Plutôt ;
D'autant qu'il y en vienra
Bientôt
Et f'sant(*k*)queuqu'vers pour eun'bonn'cher'Mere

(*i*) Pour livres.

(*k*) Pour faisant.

Jugez de l'art
Du Grand Monsieur *Bolart*
A ses bonnets A (*l*) c'mence à s'faire ;
Talent actif,
A tel point, inventif,
Vous est toujours sûr de son affaire ;
Au fond du cœur
Il dit ;
» Pour la valeur,
» Pardi !
» Mes seuls bonnets ont l'attrait qui l'attache ;
Mon art la flattera
» S'il faut
» Qu'des Casques l'goût prendra
» Bientôt
»(*m*) Pisqu'chaqu'Dam'déja choisit l'panache.

(*l*) Cette chanson fut faite dans le tems ou les Bonnets en plumes étoient à la mode.

(*m*) Pour puisque.

LXXIV.

COUPLET CHANTÉ

LE PREMIER JOUR DE L'AN,

A UNE DAME,

à laquelle on étoit dans l'usage de donner quelques Couplets pour Etrenne.

*Sur l'*Air - *Avez-vous connu Madelon ?*

Tous les ans, épris de l'ardeur qui

nous inf - pi - re, Nous croyons

ne laiſſer au cœur Rien à vous dire ;

Lui qui ſent mieux que l'eſprit, Croy-

-ant avoir tout dit, L'an d'après

vient re-di-re quelques traits nou-

veaux pour Nous, que nous saisissons Tous.

LXXV.

EPIGRAPHE
D'UNE CHIENNE,

qui avoit pensé mordre le nez d'une très-grande Dame.

Sur l'Air - Des Trembleurs d'Isis.

ON la nomme *Ba-bi-ol-le;* Je ne

sçais à quelle E-co-le On mît la petite

fol-le; Mais peu faite à cour-ti-ser,

Dédaigneuse au-tant que bel-le,

Elle se dérobe à Celle Que tous les Arts

& le Ze-le Seroient jaloux d'amuser.

EN tout prenant pour modele
Le chien de Jean de Nivelle,
Elle fuit quand on l'appelle,
Sourde aux vœux de la Grandeur;
Dans son audace elle est telle,
Qu'un soir, que l'on se rappelle,
Chacun crût que la Cruelle
Mordroit jusqu'à la Candeur.

LXXVI.

LE RETOUR DE CHASSE. (a)

Sur l'Air - Tout d'travers.

(a) Ces couplets furent demandés à l'Auteur au moment qu'il montoit en Cabriolet, pour revenir d'une Chaſſe où il n'avoit rien tué.

On a de vous égayer
Le desir ;
Eh, peut-on moins employer
Son loisir !
Daignez souvent l'essayer
Par plaisir !

Aujourd'hui si, comme hier,
J'avois pu
Prouver que je vise clair, (*b*)
J'aurois su
Entonner d'un ton plus fier,
L'Impromptu.

Nymphe ! (*c*) à tes traits, chaque jour
Dans ces lieux,
Sçait ménager un retour
Glorieux ;
Je ne sçais pas si l'Amour
Tire mieux.

(*b*) LAuteur avoit tué la veille un Chevreuil.

(*c*) Une jeune Dame qui avoir tué un Chevreuil.

CE Chevreuil qui t'admiroit,
Et ſans peur,
Ne penſoit pas qu'il miroit
Son malheur,
Quand ton bel œil lui tiroit
Droit au cœur.

CHEMIN faiſant j'ai, d'honneur,
Fait ces vers;
S'ils vous ſemblent, Monſeigneur,
Tout d'travers;
Le froid (*d*) fait agir le cœur,
A l'envers.

(*d*) C'étoit en Décembre.

LXXVII.

LE PORTRAIT

A L'AVEUGLETTE. (a)

Sur l'Air - *Quoiqu'à l'aveuglette.*

D'UN objet qui m'eſt in - con - nu

On me dit de tracer l'i - ma - ge ;

On veut que d'un cœur in - gé-

- nu Je dé-ſi-gne encor le pré - ſa - ge ;

(*a*) Cette chanſon faite pour une jeune Demoiſelle que l'Auteur n'avoit jamais vue, & dont on lui demanda de faire le Portrait, fut inſérée dans une Lanterne magique.

vai - ne - ment le Ze-le m'a prê-té

Et couleur & Pa - let - te,

Choisit-on pour l'in-génui-té Peintre à

l'a - veu-glet - te !

» *Barbe*, m'a t'on dit, est son nom;
(Le nom sert peu pour la peinture;)
» *Barbe* y joint un plus heureux don
» Et fait pour flatter la nature ;
» C'est un bon cœur dont chacun voudroit
» Voir l'esquisse parfaite :
Mais que puis - je espérer d'un portrait
Fait à l'aveuglette !

» TRACEZ, dit-on, de la Candeur
» La voix touchante, & ſon ſourire,
» Par fois gêné par la froideur
» Que le Tems promet de détruire;
» De la Sincérité peignez l'air;
» Et la Gaité diſcrette;
» Dans votre modèle c'eſt voir clair,
» Quoiqu'à l'aveuglette.

CHACUN pour fixer mon pinceau
Sur ce cœur franc tendre & fidele,
M'y découvrant un trait nouveau,
Ne croit qu'ébaucher mon modele;
De tant de cœurs moi me donner l'air
D'être ici l'interprête!
Dans leurs vœux c'eſt beaucoup devoir clair,
Quoiqu'à l'aveuglette.

LAISSONS cet art ingénieux
Au petit Dieu qui n'y voit goute!
Lui ſeul, ſans le ſecours des yeux,
Juſqu'au cœur ſçait trouver ſa route :
Dans les traits que *Barbe* prêtera
A ce Dieu qui la guette,
Tout m'aſſure qu'il adreſſera
Quoiqu'à l'aveuglette.

LXXVIII.

RETOUR DE CHASSE. (*a*)

*Sur l'*Air - *Tôt, tôt, tôt, battez chaud.*

Buveurs gaillards, Chaſſeurs contens,

Nous employons bien no - tre tems;

Tour à tour la chaſſe & la table,

Dans ces lieux fixent la Gaité; La Gaité

don - ne la ſan - té; Pour rendre

(*a*) Chanſon faite à B*** au retour d'une *Battue*, où l'on avoit tué beaucoup de gibier.

leur accord du - ra-ble, Tôt, tôt,

tôt, Battons chaud! Tôt, tôt, tôt, Bon cou-

- rage! Il faut avoir cœur à l'ouvrage.

Le *Capitaine* (*b*) eſt bien content,
De voir du Gibier, tant & tant,
Qu'on croiroit qu'il en fait renaître;
Auſſi diſoit-il aux *Batteurs* :
» Allons donc, ſervez nos *Tireurs*,
» Auſſi bien que je ſers mon Maître!
» Tôt, tôt, tôt,
» Battez chaud,
» Tôt, tôt, tôt,
» Bon courage!
» Il faut avoir cœur à l'ouvrage.

(*b*) L'Officier des Chaſſes.

ON voit plus d'un Minois friand,
S'égayer en nous égayant ;
Ici tout rit & tout veut rire ;
Monſeigneur, qui donne le ton,
A l'air d'être dans ſa maiſon
Pour nous animer & nous dire :
» Tôt, tôt, tôt,
» Battez chaud,
» Tôt, tôt, tot,
» Bon courage,
» Il faut avoir cœur à l'ouvrage.

POUR faire, au gré de nos deſirs,
Un Couplet au ſein des plaiſirs,
La veine s'ouvre, le vers coule ;
On diroit qu'il ne coute rien :
Le cœur, qui mene tout à bien,
Me dit en me ſervant de moule :
» Tôt, tôt, tôt,
» Battez chaud,
» Tôt, tôt, tôt,
» Bon courage,
» Il faut avoir cœur à l'ouvrage.

CE moule dont je viens d'uſer,
Si vous avez peur de l'uſer,
Moi, Monſeigneur, je vous raſſure ;
L'ami *Monpreuil* (*c*) eſt mon garand :
Saint-Hubert (*d*) vaut un compliment ;
Nous le ferons, par lui j'en jure :
Tôt, tôt, tôt,
Battons chaud,
Tôt, tôt, tôt,
Bon courage,
Il faut avoir cœur à l'ouvrage.

(*c*) Auteur de pluſieurs Comédies & de nombre d'autres jolis Ouvrages de ſociété.

(*d*) On ſçait que la S. Hubert eſt la fête des Chaſſeurs.

LXXIX.

LA SEMAINE *MALHEUREUSE.* (a)

Sur l'Air - Lison dormoit sur la fougere.

VOIR mon Papa ! C'eſt choſe rare ; Rien

de vingt fois Je m'y pré-pa-re, Pour

u-ne fois Que je le vois : Dans l'at-

(*a*) Ce Couplet fut demandé à l'Auteur, pour être chanté par S. A. S. Mademoiſelle, à S. A. S. Monſeign. le Prince de Condé, qui avoit été une ſemaine ſans la voir.

tente en vain *lun-di* passe ; Du
moins je di, C'est pour *mar-di!* Rien!
mer-cre-di J'attens *jeudi*, Où le soir
il m'écrit : » Je chasse, Le *Ven-dre-*
di, *Le Sa-me-di* ; Repos *Di-*
manche, à Chan-til-li.

LXXX.

CHANSON

POUR LA FÊTE

D'UN PERE DE FAMILLE. (*a*)

*Sur l'*Air – *Dans ma petite ſolitude.*

Le faſte eſt banni de la fê-te

que Nous cé-lébrons en ce moment ;

Mais qu'avec plai-ſir l'œil s'arrê-te

Sur tout ce qu'elle offre d'agrément !

(*a*) M, le Préſident Molé.

L'Amour y dit in - gé - nu-ment,

Au bon Seigneur de ce Vil - la-ge,

» La Douceur, la Candeur, ont choi-

» si l'homma-ge fait pour ton cœur. »

DANS ces lieux, l'Amour, d'âge en âge,
A paru sans aîles, sans bandeau;
Sur l'abus d'un penchant volage,
Toujours éclairé par son flambeau:
L'Hymen, par un hasard nouveau,
L'y fixe, & parle son langage;
La Douceur,
La Candeur,
Tout y peint l'Image
Du vrai Bonheur.

Le plus ſouvent, dans les Chaumieres,
Le Plaiſir, dit-on, aime à loger ;
Et ſouvent les Vertus, peu fieres,
L'y ſuivent, ſans peur de déroger ;
Ce Château n'a rien d'étranger
Pour le Plaiſir ; & s'il y brille,
La Douceur,
La Candeur,
Sont de la Famille
Du bon Seigneur.

Fadeurs qu'enfante l'Impoſture,
Loin de nous votre Éclat emprunté !
Langage ſimple, offrande pure,
Ont l'attrait qui ſied à la Gaité ;
Où l'on ſait que la Vérité
Brille ſans fard & ſans parure,
Une Fleur,
Don du Cœur,
Flatte la Nature,
Sert la Candeur.

POUR porter la ſanté d'un Pere,
L'Amour lui-même interrompt nos chants;
Ce Plaiſir, qui flatte une Mere,
Paſſe juſqu'au cœur de ſes Enfans;
Elle dit (comme au bon vieux tems
Vuidant la coupe Nuptiale)
» Verſe-moi,
» C'eſt pour Toi; (*b*)
» Ce Plaiſir égale
» Celui d'un Roi.

(*b*) Regardant l'Objet de la fête.

LXXXI.

CHANSON

SUR UNE FÊTE.

QUI EUT SON SURLENDEMAIN. (*a*)

*Sur l'*Air - *Prends bien garde à toi.*

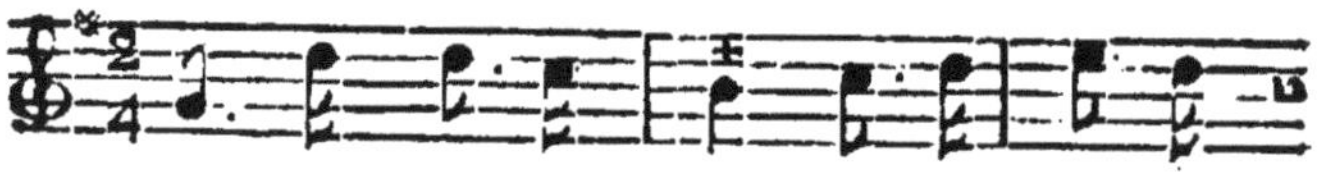

QUOI toujours en train! Monſeigneur, rien

ne vous coûte! Quoi toujours en train!

Et ſoir & matin! Tel, qu'étonne un

(*a*) Cette Chanſon fut faite dans une *forêt* en attendant, *à un rendez-vous de Chaſſe*, Monſeigneur *** qui avoit compoſé un Couplet charmant, pour être chanté à table *le ſurlendemain d'une fête* qui avoit été célébrée deux jours de ſuite.

lendemain, Ne con-çoit pas de quel

train vous pouſſez, mal-gré la

gout-te, Un ſur-len-de-main.

QUE Monſeigneur prend
Plaiſir aux Jeux qu'il ordonne !
Que Monſeigneur prend
Nos cœurs aiſément !
Qu'il dit, & qu'il fait gaiment
Un Couplet de Sentiment !
Et c'eſt le Plaiſir qu'il donne,
Que Monſeigneur prend ;

QUOI ! nous exciter (*a*)
A la Fête que l'on chomme !
Quoi ! nous exciter
Pour nous culbuter !
D'une Fête, où votre cœur
Est bien le premier Acteur,
Je vois qu'un Couplet vous nomme
Le premier Auteur.

SI mes Vers sont froids,
C'est qu'ils sont faits à la glace,
Au milieu d'un bois (*c*),
Soufflant dans mes doigts;
Quand le corps est fatigué,
Rarement l'esprit est gai,
Heureux du moins s'il vous trace
Le desir que j'ai !

(*b*) Deux Auteurs avoient travaillé de concert pour la même fête, & le Couplet de Monseigneur *** avoit été le plus saillant.

(*c*) Voyez la note page 252.

SANS vous l'annoncer (*d*)
Ce desir que l'on partage,
Sans vous l'annoncer,
C'est de l'amuser (*e*);
Si je n'y réussis pas,
Il dira que je suis las (*f*);
Car on sait qu'il encourage
Et n'allarme pas.

(*d*) A l'Assemblée.

(*e*) Montrant Monseigneur ***.

(*f*) Ces Couplets furent chantés à table au retour de la Chasse.

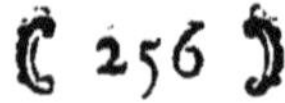

LXXXII.

CONSEILS
DE L'AMOUR,
A DEUX NOUVEAUX MARIÉS. (*a*)

*Sur un Air de Mademoiselle P***.*

Ces Couplets peuvent ſe chanter auſſi

*Sur l'*Air - *Fille qui voyage en France.*

LA morale de Cithere Eſt celle qu'on

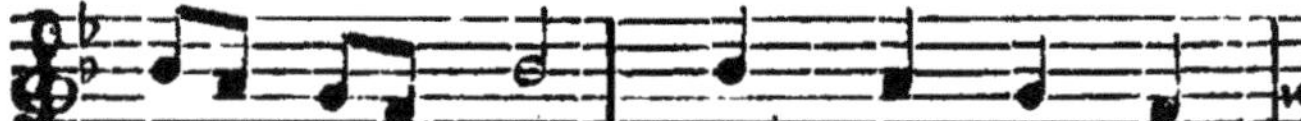

ſuit par choix; Le cœur eſt dé-

poſi-tai-re de mon Code & de mes

(*c*) Cette Chanſon fut demandée à l'Auteur pour être inſérée dans un divertiſſement préparé pour la Noce de M. D**.

loix;

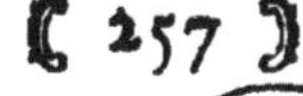

loix ; Et tout l'enga - - - ge A conſer-

ver, dans mes droits, A conſerver,

dans mes droits, Son propre ouvrage.

L'ART d'aimer & l'art de plaire,
Ce ſont là tous mes ſecrets ;
La Beauté, pour l'ordinaire,
En regle les intérêts
  Qu'on lui confie,
Bien ſouvent, dans ſes arrêts, . . . (*bis*)
  Juge & partie.

POUR s'unir tout ſemble naître ;
Le bonheur dépend du choix :

Heureux qui ſçut le connoître,
Comme un Couple (*b*) que je vois,
   Et dont l'automne
Semble étendre encor les droits
   Qu'Amour lui donne.

DANS l'art flatteur de ſéduire,
Ici je vois un Profès (*c*);
Priez-le de vous inſtruire,
Lui qui, ſçachant mes ſecrets
   Mieux que perſonne,
M'eſt connu par ſes ſuccès,
   Comme à Bellone.

(*b*) Le Pere & la Mere de la Mariée.

(*c*) Le Pere du Marié étoit un homme connu par ſon amabilité, & par ſes ſuccès militaires.

LXXXIII.

COUPLET

SUR UN DÉPART. (a)

Ce Couplet peut se chanter aussi sur l'Air de *Joconde.*

LA Gai - té sçait a - ni - mer l'Art;

Mais le Ciel me pré - ser - ve

De prendre l'instant d'un dé - part,

Pour a - ni - mer ma ver - ve!

(a) S. A. S. Monseigneur le Prince de Condé, une heure avant que de partir de Chantilly, ayant demandé à l'Auteur de faire quelques Couplets, il s'excusa par ce Couplet, de ne pouvoir satisfaire à ses ordres.

(b) La veille on avoit joué la Comédie.

LXXXIV.

CHANSON D'AVEUGLES.

Sur l'Air — Du Cantique de S. Louis.

Et chantée devant quelques Descendants du Saint.

PARMI Vous, qui voyez si clair,

D'vant la Beau - té, qu'un A - veugle

à pauvre air ! Mais pour ju - ger tel-

les merveilles, Au défaut d'yeux, on

a d'so - reil - les. Oh ! ...

C'EST ſi vrai, qu'Ceux qu'ont d'ſi bons yeux,
S'il leur falloit dir' ce qu'ils aim' le mieux,
De vous voir, ou de vous entendre;
Ils n'ſçauriont pas queux parti prendre.
Oh! ......

(*a*) GAg'que Saint Louis, qu'eſt Ben-heureux,
En vous voyant n'croit pas quitter les Cieux;
Qu'eſt qu'faut à l'Am', pour êt' (*b*) contente,
Qu'Famill' qui s'aime, & qu'eſt charmante?
Oh! ......

SI j'tournons mal ç'que j'diſons-là,
Dit'(*c*) le tout bas; qu'eſt-ç'qui vous en cout'ra?
Vous nous lai'rez (*d*) dans la croyance
Que l'Zel' (*e*) plaît cheux la Bienfaiſance.
Oh! ......

(*a*) Pour je gage.
(*b*) Pour être.
(*c*) Pour dites.
(*d*) Pour laiſſerez.
(*e*) Pour Zele.

LXXXV.

CHANSON
D'UN GRENADIER
DU RÉGIMENT D'ENGUIEN,
à l'occasion de la Fête de Monseigneur
LE COMTE DE CLERMONT.

Sur l'Air - Rien n'est si bon. (*a*)

A Paris, de d'même en Province,

On sçait qu'c'est la Fête du Prince;

J'lyapporte exprès un com-pli - ment

(*a*) Cette Chanson veut être chantée du ton d'un Grenadier ivre.

D'ſon Ré - gi - ment ; Vantez qu'nous

faut chanter ſa fête ! N'ſçavons j' pas

ben comm' y nous fête , Quand l' nous

r'çoit (*b*) dans ſa maiſon ! Rien n'eſt ſi bon.

D'VANT lui n'ayez pas peur que j'tremble !
C'eſt que j'ſçais ben quand j'ſomm'enſemble ,
Qu'il eſt plus ſoldat , d'ſon méquier ,
Qu'un Grenadier ;
Auſſi , quand faut montrer qu'on l'aime ,
N'y a pas beſoin de ſtartagéme !

(*b*) S. A. S. avoit paſſé ſon Régiment en Revue à Berni , où il avoit donné à Dîner à tout le Régiment, tant Officiers que Soldats.

Pour prouver ça, tout est aisé;
(*c*) Rien n'est usé.

QU'UN Cadet d'Gascogne ou du Maine,
Risque à la guerre sa bedaine,
Si l'on la crev' c'est un honneur;
Est-ce un malheur?
Mais qu'un Princ'que Chacun envie,
Qui à tout ç'qui fait aimer la vie,
L'expose au feu comme un Ch'napan! (*d*)
C'est ça qu'est grand!

J'SÇAIS des gens qu'ont fait queuqu'proüesse,
I' n'cessont d'en parler sans cesse,
C'est toujours la même Chanson;
Rien n'est si long:
Lui, sarpeguié! qu'en a fait d'reste!
I' n'en dit rien; est ç'êt' (*e*) modeste?
Mais y a ben des yeux qui l'ont vu;
Rien n'est perdu.

(*c*) Montrant son Sabre

(*d*) Pour chenapan.

(*e*) Pour être.

Au Prince.

A vot' ſanté, j'n'avons fait qu'boire ;
Yaiſément cela ſe peut croire ;
Mon Coronel excuſez donc,
Si j'ſuis ſi rond ;
Mais n'ſçavez-vous pas ben l'ſyſtême ;
Que » quand on boit à ce qu'on aime,
» On ne peut boire trop de Vin ?
» Rien n'eſt ſi ſain.

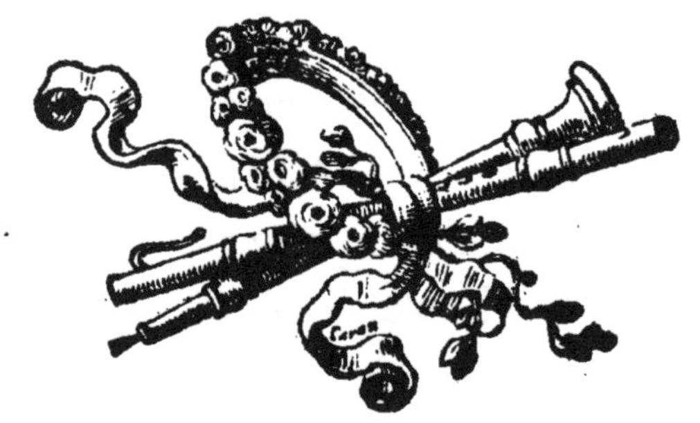

LXXXVI.

CHANSON

OU IGNIA MOINS DE RIME QUE DE RAISON. (*a*)

Sur l'Air - Farlarira dondaine.

CHANTONS t'un' Chanson ! Faut s'creu-

ser la veine ; V'la cor (*b*) un Bourbon ;

Faut ben qu'ça nous vienne , Et bon !

(*a*) Cette Chanson fut chantée à la suite d'une Parade jouée à Berni ; elle fut adressée, par les Acteurs de cette Parade, à Monseigneur le Duc d'Orléans, qui étoit Spectateur.

(*b*) Pour encore.

Car i zen vaut la peine; Et gay,

Pour le mettre en gai-té!

DANS nos Jeux, dit-on,
Vous ſeriez not'Maître;
Vous riez ſans façon!
Voyez donc qu'c'eſt zêtre
Bon,
Que de vouloir paroître
Gai,
Pour nous mettre en gaîté!

FOIN de nos Chanſons,
Si j'vous f'ſons d'la peine!
Mais, ſi j'vous plaiſons,
J'nus'rons pas la veine,
Non!

J'en garderons d'la graine,
Gai,
Pour vous mettre en gaîté.

MONSEIGNEUR CLERMONT,
N'faut pas qu'ça Vous chème;
Si je n'Vous chantons,
Ç'n'est pas qu'on n'Vous aime;
Non!
Mais v'la t'un Aut'(c) Vous-Même
Et Gai,
Faut le mettre en gaîté!

POUR ces deux Bourbons,
Un chacun s'aneime;
En v'la les raisons:
C'est qu'chacun les aime
Bons;
Et qu'ils sont Tous de d'même,
Gai!
Faut les t'nir en gaîté!

(c) Pour Autre.

LXXXVII.

CHANSON

FAITE POUR UN DINER,

OU CHACUN PORTOIT SON *ÉCOT.* (*a*)

*Sur l'*Air - *Ah ſans vous, ſans vous ma Liſette.*

Elle peut auſſi ſe chanter

*Sur l'*Air - *Vous qui du Vulgaire ſtupide.*

JUGEZ de la peur qui m'arrê-te !

Je n'ai ſçu que dans *le bat - teau* (*b*)

(*a*) On ne prevint l'Auteur de cette petite Loi que chaque Convive s'étoit impoſée, qu'en lui propoſant d'être de ce Dîner, & il eut à peine une demie heure pour faire ces Couplets.

(*b*) Batteau qui avoit tranſporté les Convives au Sallon où l'on dînoit.

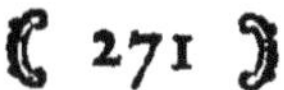

La pre-mie-re loi d'u-ne fê-te

Ou cha-cun por-te ſon *É-cot ;*

Mais, lorſque le Plaiſir a-ni-me,

L'on riſque un couplet ſans fa-çon ;

C'eſt le vrai moment où la Rime

E-chappe aux yeux de la Raiſon.

JADIS dans ce lieu redoutable (*c*)
Aux yeux des Mortels indiſcrets,
Et dans un Cercle moins aimable (*d*)
Le Deſtin dicta ſes Arrêts :
Aujourd'hui ce Réduit auſtere
Eſt fait pour combler nos deſirs ;
C'eſt dans l'azile du Myſtere
Qu'on trouve les plus doux Plaiſirs.

PARMI nous du moins l'on n'opine
Que ſur l'excellence du Vin ;
Et les traits d'une humeur badine,
Sont le vrai ſel de ce Feſtin :
Quand, ſur le plus heureux Délire,
Nous opinons Tous à la fois,
Le Plaiſir ſe plaît à ſourire
Aux Graces qui comptent les Voix.

(*c*) L'on avoit tenu pluſieurs Conſeils dans le Sallon où l'on dînoit.

(*d*) Nombre de Dames aimables étoient de ce Dîner.

LXXXVIII.

LXXXVIII.

BILLET DU MATIN,

A CHLOÉ.

*Sur un Air de M. de M***.*

LAMOUR m'ordonne en - vain d'é-

- cri-re : Je ne le puis ; ſçais-tu pour-

- quoi ? Chloé, ton A - mant loin de

Toi, Ne ſçait que pen-ſer & que di-

re ; Je dois, de deux Amans heureux Retra-cer la na - ï - ve i-mage ; Je

vais consulter tes yeux ; J'y retrouverai

leur lan - ga - ge.

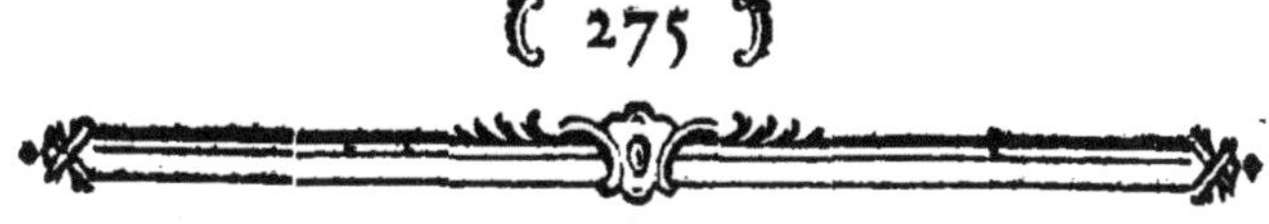

LXXXIX.

CHANSON

DE TABLE ET DE CHASSE. (a)

Sur l'Air – De la Contredanse des Savetiers.

VOYEZ comme ici chacun se plaît

A voir Monseigneur gai comme il est !

Les Plaisirs & la Gaitê naissent Pour

Nous de sa san – té.

(*a*) Elle fut chantée par l'Auteur à S. A. S. Monf. le Comte de Clermont, à la premiere Chasse qu'il fit après une longue attaque de Goutte.

LA maudite Goutte qu'il avoit,
Peut-être autant que lui nous gênoit;
Chacun souffroit par le Cœur,
Autant que Lui par la Douleur.

IL vient de faire un petit effort (*b*),
Qui, pour un premier, n'est pas mal fort;
Ses maux semblent s'adoucir,
Quand il peut donner du Plaisir (*c*)

QU'IL en prenne autant qu'il en pourra!
Tant qu'il en aura l'on en aura;
Notre Plaisir est d'user,
Du Plaisir qui peut l'amuser.

(*b*) C'étoit la premiere fois que ce Prince montoit à Cheval depuis son attaque de Goutte.

(*c*) Il avoit été à la Chasse pour rassurer sa maison, & en quelque façon par complaisance.

LES Perdreaux n'auront plus ſi bon tems;
Ils ſont les ſeuls qu'il rend mécontens;
Ils perdront, comme aujourd'hui,
Ce que nous donnerions pour Lui.

MESSIEURS les Chaſſeurs, le verre en main!
Ivres de Plaiſirs comme de Vin,
A ſa ſanté buvons Tous,
Autant qu'il a tiré de coups!

JE voudrois cauſer par mes Couplets,
Le plaiſir que j'ai quand je les fais;
Je ne veux tirer qu'au cœur;
Heureux ſi je ſuis bon Tireur.

XC.

CHANSON

D'UN PALEFRENIER,

SUR LA CONVALESCENCE DE SON MAITRE.

Sur l'Air - Je n'ai pas ce pouvoir.

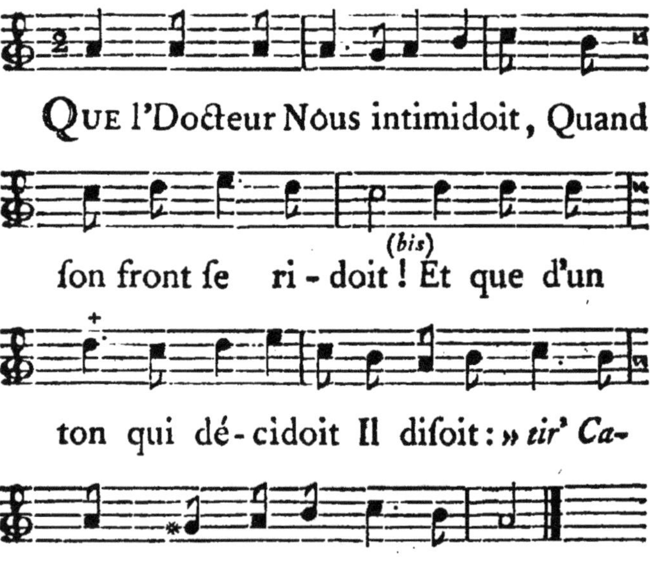

(*a*) Nom du Chirurgien qui avoit ſaigné le Malade.

VOUS v'la *tiré* d'un mauvais *pas*,
Mais n'y retournez pas; (*bis*)
Qui veut gagner le bon chemin
Doit aller *bride en main*. (*bis*)

VOS ch'vaux & nous étions tous las
De ne *rentrer qu'au pas* (*b*); (*bis*)
J'aimons ben mieux, comme on le voit,
Faire *claquer not' fouet*. (*bis*)

SI pour tourner not' Compliment,
J'ons pris un *long tournant*, (*bis*)
Qui *sçait m'ner*, sçait l'danger qu'on court
Quand on *tourne trop court*. (*bis*)

QUAND vot' santé n'avance pas,
Nos plaisirs n'*vont que l'pas*; (*bis*)

(*b*) Précaution que la Femme du Malade exigeoit de son Cocher.

Quand on la voit r'venir *au trot*,
Nos plaisirs vont *l'galop*. (*bis*)

Si l'on m'a pris pour harangueur,
C'est rapport à mon cœur, (*bis*)
Qu'en diroit plutôt jusqu'à d'main,
Que d'*rester en chemin*. (*bis*)

XCI.

LES ENFANS DE CHŒUR. (a)

Sur l'Air – O Filii & filiæ.

(*a*) Ces Couplets terminoient une petite Mascarade d'*Eleves de Musique*; elle fut demandée au moment où l'on alloit se mettre à table, à l'Auteur, qui n'eut, pour concerter & les Propos & les Couplets, que le temps du souper; & ce petit Divertissement impromptu fut exécuté aussi-tôt que S. A. S. Monseigneur le Duc de Chartres, à qui l'on en menageoit la surprise, sortit de table.

(*b*) Les Lettres de l'Alphabet ont été mises sur cet Air par M. D. L. P., qui avoit dit à l'Auteur d'en faire usage quand il en trouveroit l'occasion.

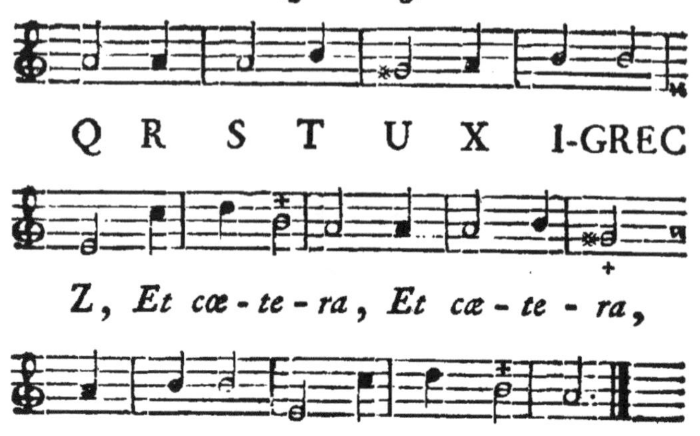

Petit Auteur, tant qu'il verra
Qu'un petit rien amusera;
De long-tems encor ne dira
L'Et cætera;
L'Et cætera, &c.

Mais quand on lui demandera
Chansons, ou Vers, faits sonica,
Bientôt de sa tête on aura
L'Et cætera,
L'Et cætera, &c.

ET sur-tout, quand on lui dira :
» *C'est ainsi qu'on s'habillera* (*c*) ;
» *Sur ce, la Rime fournira*
» *L'Et cætera ;*
L'Et cætera ! &c.

QUAND un bon Frere animera
La Gaîté chez la Sœur qu'il a ;
Jamais l'Auteur ne tarira
D'Et cætera ;
D'Et cætera, &c.

MAIS quand le tems lui manquera,
L'indulgence l'excusera ;
Au Zèle au moins l'on suppléra
L'Et cætera ;
L'Et cætera, &c.

(*c*) Allusion à ce que dans cette Mascarade, ainsi que dans plusieurs autres, on s'étoit contenté d'indiquer pour tout sujet, à l'Auteur, la maniere dont on s'habilleroit.

XCII.

LA HALTE DE BERNY. (*a*)

*Sur l'*Air *- C'eſt le bout du bras qui fait aller.*

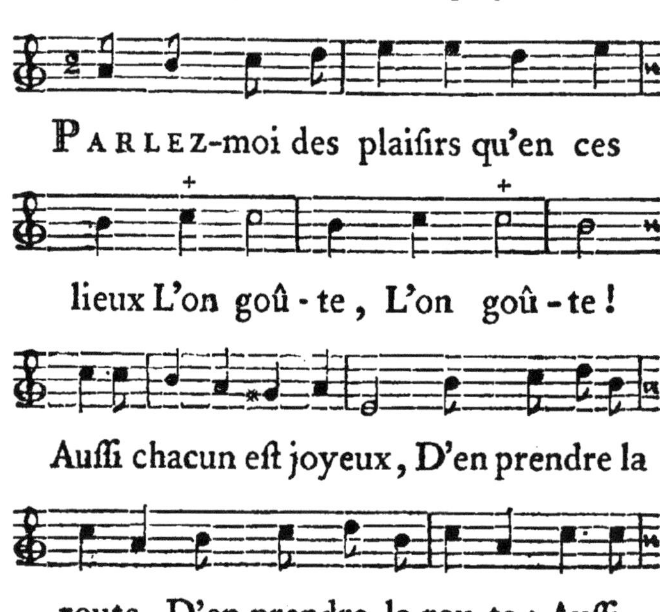

(*a*) Cette Chanſon fut faite pendant que l'on préparoît la halte d'une Chaſſe à laquelle ſe trouverent des Dames qui demanderent à l'Auteur de peindre les Plaiſirs du Jour, & elle fut chantée au Deſſert.

chacun eſt joyeux, D'y voir ſa gaité dans

tous les yeux.

AUSSITÔT qu'on arrive à Berny,
L'on tire, L'on tire;
Nos Dames viennent auſſi;
(Un rien les attire) (*bis*)
Nos Dames viennent auſſi
Voir ſi tous nos coups ont réuſſi.

QUAND on a tiré, l'on vient remplir
La panſe, La panſe;
C'eſt alors que le plaiſir
Pour nous recommence; (*bis*)
C'eſt alors que le plaiſir,
Ne part que quand il nous voit partir.

QUAND la panſe eſt pleine, de bon cœur
On chante, (*bis*)
C'eſt alors que tout Chaſſeur
Chante qui l'enchante; (*bis*)
C'eſt alors que tout Chaſſeur,
Pour Vous, Monſeigneur, devient Chanteur.

AUSSITÔT que chacun a chanté
Faut boire, (*bis*)
Puis on porte une ſanté,
Pour finir l'hiſtoire; (*bis*)
Puis on porte une ſanté,
Qui redouble encore la Gaîté.

EST-ON las ? l'ardeur de vous chanter
Renforce; (*bis*)
Un Chaſſeur peut-il rater
Avec tant d'amorce, (*bis*)
Un Chaſſeur peut-il rater
La Chanſon qu'il fait pour vous fêter !

MONSEIGNEUR qui ſent tout le plaiſir
Qu'il donne, (*bis*)
Devroit bien encor choiſir
Un beau jour d'Automne, (*bis*)
Devroit bien encor choiſir
Un jour que la Gaîté pût ſaiſir.

XCIII.

CHANSON

POUR UNE JEUNE DAME,

QUI A L'OCCASION DE SA FÊTE,

avoit demandé à l'Auteur ſon Portrait dans un ſeul Couplet.

*Sur l'*Air *- De la Marche du Roi de Pruſſe.*

J'AI gar - dé le ta - cet; Et

dé - ja l'on penſoit Que ma verve baiſ-

- ſoit, ou foi - bliſ-ſoit; Car l'Un de

l'œil me preſſoit; L'Autre du pied me pouſ-
ſoit;

- ſoit; Ou me fixoit, Ou touſſoit; En fait de
vers C'eſt qu'on ſçait que pour
vous, l'Auteur le plus Mazet, En fait
plutôt huit que ſept. Ce matin j'étois
au boſquet Que m'indiquoit la Muſe
Que mon zéle invoquoit; Loin de ſer-
- vir, ſur ce bouquet, Mon cœur coquet, Sa

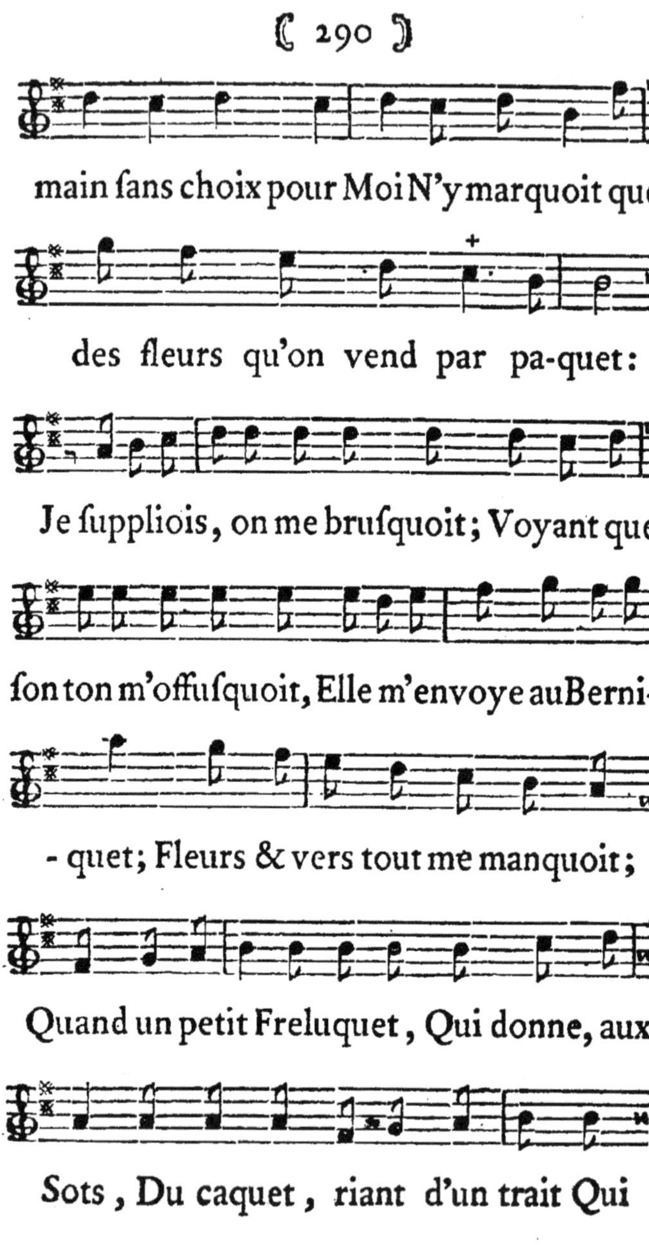
main ſans choix pour Moi N'y marquoit que
des fleurs qu'on vend par pa-quet:
Je ſuppliois, on me bruſquoit; Voyant que
ſon ton m'offuſquoit, Elle m'envoye au Berni-
- quet; Fleurs & vers tout me manquoit;
Quand un petit Freluquet, Qui donne, aux
Sots, Du caquet, riant d'un trait Qui

» Oui, je ſens qu'il faudroit
» N'être pas mal-adroit,
» Pour peindre, trait pour trait,
» Votre Portrait;
» Tracer en Vers maint attrait,
» Sur qui nul œil n'eſt diſtrait!
» Tel Peintre qui tire droit,
» Ainſi que Moi conviendroit,
» Que le tems qui nous tient à l'étrait

» Ne nous permet qu'un extrait.
» Essayer, dans un seul Couplet,
» Tableau complet,
» C'est trop oser ! Mais allons au fait.
» Traçons d'abord; cœur satisfait
» S'il satisfait;
» A ce cœur qui se plaît au bienfait
» Joignons un Corps aussi bien fait;
» Fraîcheur d'hébé, blancheur de lait;
» Air vif & gai de l'Oiselet;
» Voix qui, dans le tems verdelet,
» Fait honte au Rossignolet...
» Puis certain rien rondelet...
» Puis tout ce qui rappelloit
» Amour, quand il s'envoloit,
» Loin de Psiché qu'il désoloit,
» Et qui sçut, bien mieux que ce Couplet,
» Le mettre au bout de son rolet.

XCIV.

VÈNUS *JARDINIERE*. (a)

Sur l'Air Dans son joli Jardinet.

VÈNUS quitte un jour Cythe - re

Où va t'elle ? A' ne l'dit pas ; Crac,

V'là Cu - pi - don sur ses pas.

» Où croit donc s'cacher ma Me - re ?

(*a*) Cette Chanson fut faite pour amener *un Présent de différens petits Outils de Jardinage*, que l'on offroit à une jeune Dame qui s'étoit *retirée à la Campagne pour s'y occuper de ses Enfans & de son Jardin.*

» J'vas dit - il le dé - cou - vrir ; Oh !
» J'lat-trap - prai ben sans cou - rir ;
Il voit u - ne Mai - son - net - te,
» Bon ! dit - il ; c'est sa re - trai - te !
Sa Ma - man s'y pro - me - noit,
Et travailloit en cachet-te dans son
Jo - li jar - di - net.

» D'OU le goût du Jardinage
» A Maman vient-il ſoudain?
» Faut ſçavoir ça, dit ç'p'tit (*b*) Bambin;
» Cachons-nous dans l'voiſinage!
Le cœur d'un Voiſin galand,
Eſt la cachet' (*c*) où s'nich' l'Enfant;
L'Enfant, quoiqu'il n'y voit goutte,
S'nicha ben; j'crois qu'on s'en doute;
Car le Voiſin voiſinoit,
Et ſouvent prenoit la route
De ce joli Jardinet.

L'AMOUR, charmé de ſon gîte,
Aiſément le témoignoit;
Ne l'quittoit pas, s'y rencoignoit;
Le Plaiſir tout auſſi vîte,
Dans les yeux de la Maman,
Avoit choiſi ſon logement;
Tous deux ſont contents d'leur Hôte,
Sur-tout quand chacun d'Eux ſaute

(*b*) Pour petit. (*c*) Pour cachette.

Sur des plantes que ſoignoit
Et ſoir & matin, ſans faute,
La Dame du Jardinet.

PEL' Rateau, Pioche & Brouette (d),
Sont ben forts pour ſes p'tit's mains;
L'Amour qui veut d's outils plus fins;
Pour Ell' travaille en cachette,
Et s'fait aider du Plaiſir:
Tous deux travaill'! c'eſt un plaiſir!
Dans leur ardeur ſans ſeconde
L'un & l'autre ſe ſeconde,
Si ben qu'les v'la; s'ils ſont p'tits,
Ces grands Ouvriers du Monde
Font paſſer tous leurs outils.

(d) Préſens que l'on donnoit. Voyez la note, pag. 291.

XCV.

LA DÉCLARATION
REÇUE TOUT DE TRAVERS.

Sur l'Air - Tout d'travers.

CE propos prend-il? hélas!
Je n'ſçais pas;
Mais, à voir votre air tranſi,
Je n'ſçais ſi
Votre eſprit n'eſt, pour le coup,
Je n'ſçais où!

XCVI.

PARODIE.

Sur un Air de M. De la Garde.

Mais l'attrait qu'il offre à nos cœurs, Nous

fait paſſer ſur ſes peines. Les épines, &c.

XCVII.

COUPLETS

CHANTÉS

A LA SUITE DE LA COMÉDIE

du Poëte Campagnard.

Sur l'Air - Il n'eſt qu'un pas du mal au bien.

PREMIER COUPLET.

Chanté par le Poëte Campagnard.

TOUT rimeur doit tourner ſa vei-ne

Toujours au profit de ſes vœux;

(*a*) Ces Couplets avoient trait à une légére indiſpoſition ſurvenue à S. A. S. Madame la Ducheſſe de Bourbon, & avoient pour objet de prévenir que ce pouvoit être une annonce de groſſeſſe.

De l'espoir j'ai goûté les charmes,
J'ai peine à m'en faire une erreur;
Que sçait-on? Souvent le bonheur
Naît du sein même des allarmes;
Je crois, sans me flatter de rien,
Qu'il n'est qu'un pas du mal au bien.

(*b*) Rêvant au Refrain qu'il cherche, & enchanté de l'avoir trouvé.

Pour peu qu'il s'éleve un nuage
Sur les jours d'un Objet charmant,
L'amitié s'aveugle aiſément;
L'Amour s'allarme & perd courage.
Mais quand l'Hymen dit : *C'eſt un rien;*
Il n'eſt qu'un pas du mal au bien.

Un inſtant voit-on diſparoître
L'objet qui réunit nos Vœux,
L'Impatience eſt dans les yeux;
Mais ſa préſence fait renaître;
Ici les cœurs éprouvent bien
Qu'il n'eſt qu'un pas du mal au bien.

(Pour une Dame qui avoit pris le Rôle de S. A. S. dans la Piece.)

L'**Amour**-propre en Moi, cede au zele,
Qui ſeul fut mon guide & ma loi.
Eh ! que de talens, comme Moi,
En Vous trouveroient leur Modèle !
Mais on Vous voit, on n'y perd rien;
Il n'eſt qu'un pas du mal au bien.

DANS des Jeux formés pour Vous plaire ;
Nos plus doux succès Vous sont dûs (c) ;
Sur l'effet d'un talent de plus,
Chaque Spectateur Vous éclaire :
Notre Scene attend son soutien ;
Il n'est qu'un pas du mal au bien.

COUPLET DU PRÉSIDENT.

DE l'Esprit j'ai jugé l'affaire (d) ;
Mais ici Spectateurs, Acteurs,
Vous nomment pour juger les Cœurs ;
Si tel examen coûte à faire,
Comptez-en la peine pour rien ;
Il n'est qu'un pas du mal au bien.

(c) S. A. S. jouoit déja avec le plus grand succès, & dans la Comédie & dans le nouveau genre d'Opéra Comique, adopté par la Comédie Italienne.

(d) Allusion au troisieme Acte du Poëte Campagnard, où le Président est un des Juges de l'Esprit de la Fausse-Agnès.

XCVIII.

COLIN ET COLETTE, *OU* LA JOURNÉE CHAMPÊTRE. (*a*)

Sur l'Air - Pour voir un peu, pour voir un peu comment ça f'ra.

UN ma-tin je vîs, du ha-meau

(*a*) Cette Chanſon, d'une Directrice de Troupe, qui ſe mêloit de Poéſie, fut faite pour être chantée devant deux Monſeigneurs qu'Elle cherchoit à raſſurer ſur ſon talent, en leur en donnant une idée.

[Il faut obſerver dans ces Couplets, faits pour être joués, de rendre les trois caracteres que l'on peint ; c'eſt-à-dire, dans celui de Colin, le caractere naïf d'un Berger amoureux & timide à l'excès : dans celui de Colette, celui d'une Bergere gaie, & piquée de ne pas ſe faire entendre ; & dans celui du Seigneur, le ton d'un Petit-Maître, qui traite très-légerement toute affaire de cœur.]

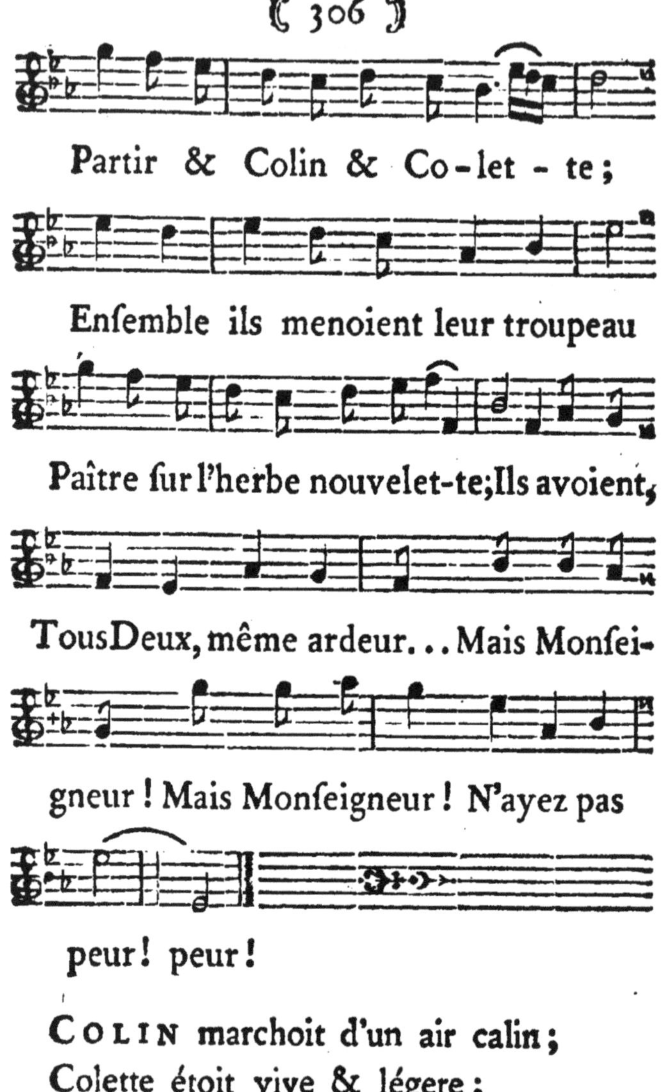

COLIN marchoit d'un air calin;
Colette étoit vive & légere;
La Crainte accompagnoit Colin;
Le Plaiſir ſuivoit la Bergere...

Je ne dis rien de ſa fraîcheur,...
Non, Monſeigneur! Non, Monſeigneur!
N'ayez pas peur!

TOUS Deux ne comptoient que ſeize ans;
Mais (comme on differe à cet âge!)
Des plus doux objets du Printems
Colette goûtoit mieux l'image;
Colin ſentoit parler ſon cœur...
Mais, Monſeigneur! Mais, Monſeigneur!
N'ayez pas peur!

ARRIVÉS à peine au Verger,
Colin dit à la Bergerette:
» Nos Troupeaux ſemblent ſe chercher?
Faiſons comme eux! répond Colette;
Colin s'approche avec rougeur...
Mais, Monſeigneur! Mais, Monſeigneur!
N'ayez pas peur!

AU moment où l'Aſtre du jour
Embraſe tout ce qu'il éclaire,
Colette ſentoit que l'Amour
Suivoit de même ſa carriere;
Mais l'Amour n'éclairoit qu'un Cœur;...
Oui, Monſeigneur; Oui, Monſeigneur;
N'ayez pas peur!

» COLIN, dit-elle, mon Troupeau
» Cherche l'eau, paît ſous le feuillage;
» Si tu veux, ſous ce verd nouveau,
» Tous Deux nous trouverons l'ombrage?....
Ils n'y cherchoient que la fraîcheur;
Oui, Monſeigneur; Oui Monſeigneur;
N'ayez pas peur!

COLIN ſuit, avec l'embarras
D'un cœur que trop d'ardeur arrête;
Il trembloit d'avancer un pas;...
(Un premier Amour eſt ſi bête!)

Il ſuivoit pourtant ſon bonheur. . .
Mais, Monſeigneur! Mais, Monſeigneur!
N'ayez pas peur!

» Vois ce Roſſignol amoureux!
» Vois, dit Colette! comme il chante!
C'eſt, dit Colin, qu'il eſt joyeux;
Rien ne le gêne . . . Il ſe contente.
Un autre eût chanté de bon cœur. . .
Mais, Monſeigneur! Mais, Monſeigneur!
N'ayez pas peur!

Lasse de compter des Heureux
Plus que Colin n'en pouvoit croire,
La Bergere, en levant les yeux,
Lui dît: « Sçavez-vous quelque hiſtoire?
» Je n'en ſçais point, dit-il, par cœur;...
Oui, Monſeigneur! Oui, Monſeigneur!
N'ayez pas peur!

PAR hazard paſſoit un Seigneur
Qui lorgne, examine, & s'arrête;
Il s'avance & dit : « Mais j'ai peur
» De déranger un tête à tête;
Colette dit avec rougeur :
Non, Monſeigneur ! Non, Monſeigneur !
N'ayez pas peur !

COLIN, étourdi de frayeur,
Fuit en pleurant; le Seigneur reſte :
Ce Seigneur étoit un Conteur,
Sçachant des hiſtoires de reſte;
Colette jugea le Trompeur;
Oui, Monſeigneur ! Oui, Monſeigneur
N'ayez pas peur !

CE Seigneur étoit très-ardent;
Il fait l'aveu, le ſuit, le preſſe;...
Mais la Bergere, en le quittant,
Dit : « Trop de timidité bleſſe;

» Mais trop oser nuit au bonheur...
Oui, Monseigneur ! Oui, Monseigneur !
N'ayez pas peur !

La Bergere sort du Bosquet;
Colin, qu'un instant vient d'instruire,
Obtient sa grace; en voit l'effet...
Comment ? Il n'a pas dû le dire :
Le vrai Plaisir n'est point jaseur;
Non, Monseigneur ! Non, Monseigneur !
N'ayez pas peur !

TABLE DES CHANSONS

Contenues dans le Tome Second DES A-PROPOS DE SOCIÉTÉ.

Fin de la Table.

www.ingramcontent.com/pod-product-compliance
Ingram Content Group UK Ltd.
Pitfield, Milton Keynes, MK11 3LW, UK
UKHW021128260726
13994UKWH00001B/50